Learning Tagalog

Fluency Made Fast and Easy

Second Edition

Course Book 2

Frederik and Fiona De Vos

LearningTagalog.com

Copyright © 2012 Frederik and Fiona De Vos

All rights reserved.

Second Edition

ISBN 978-3-902909-04-6

Title of the First Edition (2011):
Learning Tagalog: A Complete Course with Audio, Volume 2

Complete Course Set (Course Books, Workbooks, Grammar Book, Course Audio)
ISBN 978-3-902909-07-7

Course Books
ISBN 978-3-902909-03-9 (Course Book 1)
ISBN 978-3-902909-04-6 (Course Book 2)
ISBN 978-3-902909-05-3 (Course Book 3)

Workbooks
ISBN 978-3-902909-00-8 (Workbook 1)
ISBN 978-3-902909-01-5 (Workbook 2)
ISBN 978-3-902909-02-2 (Workbook 3)

Grammar Book (Essential Tagalog Grammar, Second Edition)
ISBN 978-90-815135-4-8 (small paperback)

Course Audio
ISBN 978-3-902909-06-0 (6 Audio CDs + 1 MP3 CD)
Also available as MP3 downloads on LearningTagalog.com

Learning Tagalog (LearningTagalog.com)
team@learningtagalog.com

Cover design by John Arce.

Contents

Introduction	5
The journey continues	7
Tagalog verb affixes: an overview	8
What you will learn	10
Lessons 21–40	13
Lesson 21 Maaga ang alis niya	15
Lesson 22 Tuloy!	25
Lesson 23 Maglinis tayo ng bahay	35
Lesson 24 Pwede ba tayong lumabas?	45
Lesson 25 Nasaan ang address book?	55
Lesson 26 Nahuli ako sa klase ko	65
Lesson 27 Dahil sa trabaho	73
Lesson 28 May banggaan	83
Lesson 29 Sa resort	93
Lesson 30 Ang mga bilin	105
Lesson 31 Pakitanong kay Kuya	115
Lesson 32 Pwede bang makisakay?	125
Lesson 33 May bagyo	135
Lesson 34 Huwag mong kalimutan	145
Lesson 35 Ang balikbayan box	155
Lesson 36 Magpagupit ka	167
Lesson 37 Ang video na pinadala ko	177
Lesson 38 Patingnan mo sa tubero	187
Lesson 39 Pahiram ng cell phone mo	199
Lesson 40 Gusto ko sanang makipag-usap sa kanya	209
Quick reference	221
Summary of markers and pronouns	223
Order of enclitic words	225
List of Tagalog verb affixes	227

Introduction

The journey continues

Welcome back for 20 more Tagalog lessons!

In this book, we will focus on Tagalog verbs. The verbs are without a doubt the most complex part of the language.

Through the lessons in this book, you will gain an intuitive understanding of how Tagalog verbs work. You will learn the most common verbs in context, and will be able to use them in conversation.

Tagalog verb affixes: an overview

Tagalog verbs generally consist of a root and one or more affixes[1]. In Course Book 1, we encountered **(-)um-**, **mag-**, **ma-**, **maka-** and **-in** affixes. Those are among the most common examples.

In fact, there are over 80 Tagalog verb affixes that are commonly used in conversation. Take a look at the list of Tagalog verb affixes at the end of this book (p. 223). As you can see, there are several **-an** affixes, several **ma-** affixes and so on. Those affixes share the same form but differ in meaning and use. Luckily, many verb roots are used only with a few affixes. Some of the affixes on the list are not used as often as others.

Examples of verbs with different **ma-** affixes:

ma- 1 (doer-POD)
to do something (expresses various kinds of actions)
Natulog siya. – *He/she slept.*

ma- 2 (doer-POD)
to do something unintentionally; or,
to get into a certain state unintentionally
Nagulat ako. – *I was surprised.*

ma- 6 (object-POD)
to perceive something
Narinig mo ba ang balita'? – *Did you hear the news?*
Lit. *Was heard by you [question] the news?*

Note that in the last example, the POD, **ang balita'**, is the object of the action. The doer, **mo**, is expressed as a Ng phrase.

---

[1] Exceptions: (1) Certain roots, such as **sabi**, **akala'** and **alam** (followed by the doer expressed as a Ng phrase). (2) Certain commands, such as **tuloy (ka/kayo)**. (3) Pseudo-verbs. With a few exceptions, these roots can also be used with verb affixes.

In English, the subject is usually the doer and sometimes the object of the action. In Tagalog, however, the POD can be the doer, object, direction, location, beneficiary, instrument, cause or reference of the action. It is the verb affix that indicates this role. The most common roles of the POD are doer, object and direction (in that order).

With some verbs, there is never a POD. An example would be the verb **umulan** which means "to rain."

Conclusion #1: Understanding Tagalog sentences with verbs

> To understand a Tagalog sentence with a verb, you need to look at the verb (affix) to know the role of the POD and of the other parts of the sentence.

See also ETG p. 105/91 (Roles of the POD) for more examples.

Conclusion #2: Forming Tagalog sentences with verbs

> To form a Tagalog sentence with a verb, choose a POD depending on the situation. Then pick a verb that gives the POD the correct role. When there is a definite[2] object in a basic sentence, it generally becomes the POD.

The list of affixes on p. 223 will help you get an overview and recognize patterns. However, there are no simple rules to determine which affixes a particular root can take.

The most practical way to learn the verbs is to hear them repeatedly in natural dialogues. With practice, forming sentences will become second nature to you.

---

[2] Definite means that it cannot be mistaken for another. It is specific and identifiable. Examples: *that car, John, she, the mailbox, his letter, my arrival, our dinner*. Examples of indefinite phrases: *a car, some letters*.

What you will learn

Lessons 1–20 (Course Book 1)

- pronunciation
- greetings and common expressions
- all pronouns
- to go somewhere, to be somewhere (or not)
- expressing that something exists (or not)
- to have something (or not)
- expressing how things are (or not)
- some adjective intensifiers
- expressing that something is intended for someone or something
- basic verbs, vocabulary and sentence patterns
- polite speech
- buying something
- introducing people, pets and things
- days, months, past, future, telling the time
- giving directions
- questions
- expressing likes, dislikes, wants and needs
- numbers, prices and counting
- comparing things
- expressing agreement, doubt, wonder and other emotions or nuances
- **na, pa, naman, pala, yata'** and other enclitic particles
- cultural insights through situations and dialogues
- about 30 verbs*

Lessons 21–40 (this book)

- verbs, verb affixes and their aspects
- **-um-, mag-, ma-, maka-, makapag-, -in, maki-, i-, -an, magpa-, pa-...-in, pa-...-an, ipa-, ipag-, makipag-**. Some of these verb affixes have different meanings depending on the verb.
- complex sentences with clauses

- more vocabulary and expressions
- further consolidation of material from Lessons 1–20
- cultural insights through situations and dialogues
- over 90 new verbs*

Lessons 41–60 (Course Book 3)

- more verb affixes: **ika-, mag-….-an/han, mang-** (At this point, you will know how verb affixes and aspects work, and you will be able to learn new ones easily.)
- recently completed aspect
- noun affixes
- adjective affixes
- ordinal numbers, other number expressions, dates
- sentence patterns used in written Tagalog and formal spoken Tagalog
- more vocabulary and expressions
- further consolidation of material from Lessons 1–40
- cultural insights through situations and dialogues
- over 55 new verbs*

* You will learn over 175 roots combined with various affixes. You will also learn how to use pseudo-verbs; **may, mayroon/me̲ron, mara̲mi** and **wala'** (for "to have," "there is/are/was/were (not)" etc.) and verbless "to be" sentences.

Lessons 21–40

Lesson 21
Ma<u>a</u>ga ang alis niya

Chris had to leave the party early.

A 01

Ma<u>a</u>ga ang alis niya

Early the leaving his/her

He left early (His leaving was early)

Alis is the root of the verb *to leave* and can be translated as *leaving* (noun) or *departure*.

A 02

Ang saya ng party! At ang sarap ng pagkain!

How happy of party! And how tasty of food!

The party is great! And the food is excellent!

A 03

Oo nga', pero nasaan na si Chris?

Yes indeed, but where is now [Ang marker] Chris?

Yes, that's true, but where is Chris (now)?

A 04

Si Chris? Umalis na siya.

[Ang marker] Chris? Left already he/she.

Chris? He's already left.

In **umalis**, the affix **-um-** indicates that the POD is the doer of the action (in this case, **siya**). Note: In **-um-** verbs, **(-)um-** is placed before the first vowel of the root.

Recommended reading: Roles of the POD (ETG p. 105/91).

A 05

Talaga?
Sobrang **a**ga naman ng alis niya. **Ba**kit?

Really?
How-[linker] early [surprise/regret/etc.] of leaving his/her. Why?

Really? He left so early. What a pity. How come?

Sobra -ng + adjective root is followed by a Ng phrase instead of an Ang phrase.

A 06

Kasi maa**ga pa ang p**a**sok niya b**u**kas.
Madaling-**a**raw daw.**

*Because early still the work/school his/her tomorrow.
Wee hours he/she said.*

Because he goes to work early tomorrow. Very early in the morning, he said.

A 07

Gaa**no ka**a**ga?**

How early?

How early?

Gaa**no ka-** + adjective root – *how big, fast, etc.*

Lesson 21   17

A 08

Alas kwatro yata'.

At four o'clock maybe.

Maybe at four.

A 09

**A, kaya' pala.
Actually, kailangan ko na ring umalis.**

*Ah, so that's why.
Actually, needed by me now also-[linker] to leave.*

Ah, so that's why. Actually, I also have to go now.

Kailangan (-ng) + basic form – *need to/ought to/must/should (...)*.

Here, **kaya'** means *that's why*. It is not the enclitic word **kaya'**. **Pala** expresses mild surprise in this case.

Drills

B 01

Kailan ang alis niya?

When the leaving his/her?

When is he/she leaving?

Alis is the root of **umalis**.

B 02

Kailangan ko nang umalis. May meeting ako.

Needed by me now-[linker] to leave. Have meeting I.

I have to go now. I have a meeting.

B 03

Alas otso na, umalis ka na!

Eight o'clock now, leave you now!

It's eight o' clock, you'd better go now!

Umalis (basic form) is used as a command here.

B 04

Anong oras ka umalis kahapon?

What-[linker] time you left yesterday?

What time did you leave yesterday?

Umalis is in the completed form here.

B 05

Lagi siyang umaalis nang alas singko.

Always he/she-[linker] leaves at five o'clock.

He/she always leaves at five.

Umaalis is the uncompleted form of umalis.

To form the uncompleted form of an -um- verb, take the basic form and repeat the first syllable of the root. Umalis ⇨ umaalis.

Here, nang introduces a time expression without specifying whether it is in the past or in the future. This is not the enclitic particle na (with -ng).

Optional reading: Nang (ETG p. 307/276).

B 06

Aalis siya sa Miyerkules.

Will leave he/she on Wednesday.

He's leaving on Wednesday.

Aalis is in the unstarted form.

To form the unstarted form of an **-um-** verb, take the basic form, remove the **(-)um-** and then repeat the first syllable of the root (rep1). **Umalis** ⇨ **aalis**.

Here, **sa** indicates future time.

Optional reading: **Sa** (ETG p. 306/275).

B 07

alis, umalis, umalis, umaalis, aalis

leaving, to leave, left, leaves, will leave

Also: **Umaalis** – *is leaving (e.g. right now), was leaving (when something happened)*. **Aalis** – *leaves (e.g. tomorrow), is leaving (e.g. tomorrow)*.

Optional reading: Verb aspects: Overview (ETG p. 206/185).

B 08

uwi', umuwi', umuwi', umuuwi', uuwi'

going home, to go home, went home, goes home, will go home

Umuwi' – *to go or come home.*

B 09

balik, bumalik, bumalik, bumabalik, babalik

going back, to go back, went back, goes back, will go back

Bumalik – *to go or come back; to return.*

B 10

punta, pumunta, pumunta, pumupunta, pupunta

going, to go, went, goes, will go

B 11

pasok, pumasok, pumasok, pumapasok, papasok

entering, to enter, entered, enters, will enter

Maaga ang alis niya

Ang saya ng party! At ang sarap ng pagkain!
Oo nga', pero nasaan na si Chris?
Si Chris? Umalis na siya.
Talaga? Sobrang aga naman ng alis niya. Bakit?
Kasi maaga pa ang pasok niya bukas. Madaling-araw daw.
Gaano kaaga?
Alas kwatro yata'.
A, kaya' pala. Actually, kailangan ko na ring umalis.

Drills

Kailan ang alis niya?
Kailangan ko nang umalis. May meeting ako.
Alas otso na, umalis ka na!
Anong oras ka umalis kahapon?
Lagi siyang umaalis nang alas singko.
Aalis siya sa Miyerkules.
alis, umalis, umalis, umaalis, aalis
uwi', umuwi', umuwi', umuuwi', uuwi'
balik, bumalik, bumalik, bumabalik, babalik
punta, pumunta, pumunta, pumupunta, pupunta
pasok, pumasok, pumasok, pumapasok, papasok

Lesson 22
Tuloy!

Mr. Vasquez welcomes a colleague to his home.

A 01

Tuloy!

Come in!

Come in!

A 02

Tuloy ka.

Come in.

Come in.

Some verb roots can be used as a command. For example: **Alis!** – *Leave!* A few of these verb roots can also be followed by **ka** or **kayo**. **Tuloy (ka/kayo).** – *Come in.*

A 03

Wow, ang ganda naman ng bahay ninyo.

Wow, how beautiful [admiration] of house your (plural).

Wow, you (guys) have a beautiful house.

A 04

Sal<u>a</u>mat. Hali ka, <u>d</u>ito <u>t</u>ayo sa <u>s</u>ala. Upo' ka.

Thanks. Come here, here we (incl. you) in living room. Sit.

Thanks. Come, let's sit here in the living room. Have a seat.

Hali ka, upo' ka and **tuloy ka** are some of the few commands in the form root + **ka/kayo**.

However, in rapid or sloppy speech, some commands in the form basic form + **ka/kayo** may also be shortened to root + **ka/kayo**. For example, **Pumunta ka doon** becomes **Punta ka don** *(Go there)*.

<u>D</u>ito <u>t</u>ayo – *let's sit/stay/be/etc. here.*

A 05

**Thanks.
Wow, ang lambot naman ng sofa ninyo!**

*Thanks.
Wow, how soft [delight/admiration/etc.] of sofa your (plural)!*

Thanks. Wow, your sofa is really soft.

A 06

**Oo, malambot talaga iyan.
Gusto mo ba ng juice o soft drinks?**

Yes, soft really that (near you).
Wanted by you [question] [Ng marker] juice or soft drinks?

Yes, that's really soft. Would you like some juice or a soft drink?

A 07

Juice na lang siguro. [...]

Juice just maybe. [...]

Maybe just some juice. [...]

> **Na lang** can be used when stating what you have picked out of two or more options.

A 08

Wow, ang sarap naman ng calamansi' juice ninyo!

Wow, how delicious [delight/admiration/etc.] of calamansi juice your (plural)!

Wow, your calamansi juice tastes great!

A 09

A, bagong pitas kasi ang calamansi'.

Ah, *fresh-[linker]* picked *(from plant)* because the calamansi.

Ah, that's because the calamansi has been freshly picked.

> Here, **bago** means *new* or *fresh*.

A 10

**Ay! Nalaglag!
Wow, ang tibay naman ng mga baso ninyo!**

Oh! Fell!
Wow, *how sturdy [amazement]* of *[plural]* glass your *(plural)*!

Oh! It fell! Wow, your glasses are so sturdy!

A 11

Plastic kasi iyan.

Plastic because that *(near you)*.

Because they're plastic.

Lesson 22

Drills

B 01

Wala' nang ba<u>kan</u>teng upuan.

There is no now-[linker] vacant-[linker] seat.

There are no more vacant seats.

Wala' na -ng (...) – *There are no more (...); has no more (...).*

B 02

Mas gusto kong umupo' sa loob.

More liked by me-[linker] to sit in inside.

I prefer to sit inside.

Mas gusto ko -ng + basic form – *I prefer to (...) or I'd rather (...).*

B 03

**Umupo' ka riyan sa ilalim ng puno'.
Sa may lilim.**

*Sit you there (near you) at place beneath of tree.
In there is shade.*

Sit there under the tree. Where there is shade.

Here, **sa may** means *in the place where there is*.

B 04

Umupo' sila sa damo, sa harap ng gusali'.

Sat they on grass, in front of building.

They sat on the grass, in front of the building.

B 05

Lagi akong umuupo' sa likod.

Always I-[linker] sit in back.

I always sit in the back.

B 06

Uupo' kami sa harap mamaya'.

Will sit we (excl. you) in front later today.

We'll sit in front later (today).

B 07

upo', umupo', umupo', umuupo', uupo'

sitting, to sit, sat, sits, will sit

B 08

kain, kumain, kumain, kumakain, kakain

eating, to eat, ate, eats, will eat

B 09

inom, uminom, uminom, umiinom, iinom

drinking, to drink, drank, drinks, will drink

B 10

sama, sumama, sumama, sumasama, sasama

going along, to go along, went along, goes along, will go along

Sumama – *to go along* or *to come along.*

Tuloy!

Tuloy ka.
Wow, ang ganda naman ng <u>b</u>ahay ninyo.
Sal<u>a</u>mat. Hali ka, <u>d</u>ito <u>t</u>ayo sa <u>s</u>ala. Upo' ka.
Thanks. Wow, ang lambot naman ng sofa ninyo!
<u>O</u>o, malambot talaga iyan. Gusto mo ba ng juice o soft drinks?
Juice na lang sig<u>u</u>ro. [...]
Wow, ang sarap naman ng calamansi' juice ninyo!
A, <u>b</u>agong pitas kasi ang calamansi'.
Ay! Nalaglag! Wow, ang <u>t</u>ibay naman ng mga <u>b</u>aso ninyo!
Plastic kasi iyan.

Drills

Wala' nang ba<u>kan</u>teng upuan.
Mas gusto kong umupo' sa loob.
Umupo' ka riyan sa i<u>la</u>lim ng <u>pu</u>no'. Sa may <u>li</u>lim.
Umupo' sila sa damo, sa harap ng gus<u>a</u>li'.
<u>La</u>gi akong u<u>mu</u>upo' sa likod.
<u>U</u>upo' kami sa harap <u>ma</u>maya'.
upo', umupo', umupo', u<u>mu</u>upo', <u>u</u>upo'
<u>ka</u>in, ku<u>ma</u>in, ku<u>ma</u>in, ku<u>ma</u>kain, <u>ka</u>kain
inom, uminom, uminom, u<u>mi</u>inom, <u>ii</u>nom
<u>sa</u>ma, su<u>ma</u>ma, su<u>ma</u>ma, su<u>ma</u>sama, <u>sa</u>sama

Lesson 23
Maglinis tayo ng bahay

Julius and Mia will clean up the house before their mom comes home.

A 01

Maglinis tayo ng bahay

Clean we (incl. you) [Ng marker] house

Let's clean the house

The verb affix **mag-** indicates that the POD is the doer of the action (in this case, **tayo**). Thus, **maglinis** is a doer-POD verb. **(-)um-** verbs are also doer-POD verbs.

A 02

Ma**gli**nis **ta**yo ng **ba**hay
bago bumalik si **Na**nay **ga**ling sa bakasyon.

Clean we (incl. you) [Ng marker] house
before come back [Ang marker] Mom from vacation.

Let's clean the house before Mom comes back from her vacation.

In Tagalog, when there is a definite object (*the house* in this case), it generally is the POD of the sentence and therefore expressed as an Ang phrase. However, there are certain common verb-object combinations where the object is usually understood to be one's own house, hands, work, dishes etc. and is expressed as a Ng phrase, even though it is definite (identifiable).

In this sentence, **maglinis ng bahay** means *to clean one's own house* (definite), not just *a house* (indefinite).

Bago + basic form – *before (…)*.

A 03

Tama'. Ang gulu-gulo na kasi ng **ba**hay.

Correct. How messy now because of house.

Right. Because the house is a complete mess now.

A 04

**Maghati' tayo ng trabaho.
Ako ang maghuhugas ng pinggan.**

*Divide we (incl. you) [Ng marker] work.
I the will wash [Ng marker] dish.*

Let's divide the work. I'll do the dishes. (I'm the one who will wash the dishes.)

To form the unstarted form of a **mag-** verb, take the basic form and repeat the first syllable of the root. **Maghugas** ⇨ **maghuhugas**.

Here, **maghuhugas** is a verb used as a noun, meaning *one who will wash*.

Ako ang maghuhugas (…). – *The one who will wash (…) is I.* This sentence follows the [News][POD] pattern. **Ako** is the News and **ang maghuhugas ng pinggan** is the POD. Ang personal pronouns, such as **ako**, are only enclitic when used as the POD of the sentence.

Maghuhugas ako ng pinggan. – *I will do the dishes (my/our dishes).*
Maghati' tayo ng trabaho. – *Let's divide the work (my/our work).*

A 05

**Ako naman ang magtatapon
ng mga bulok na gulay.**

*I [contrast] the will throw away
[Ng marker] [plural] rotten [linker] vegetable.*

And I will throw away the rotten vegetables.

A 06

Tapos, ako ang maglalaba ng mga damit.

And then, I the will wash [Ng marker] [plural] clothes.

And then, I'll do the laundry.

A 07

At ako naman ang magva-vacuum ng mga kwarto.

And I [contrast] the will vacuum [Ng marker] [plural] room.

And I will vacuum the rooms.

A 08

Sige. Ano pa kaya'?

All right. What else I wonder?

OK. What else?

Here, **pa** means *else*.

Kaya' can be used to mean *I wonder*, *do you think*, or *do you suppose*.

A 09

Ako na rin ang maglalabas ng basura.

I instead of you also the will take out [Ng marker] garbage.

I will take out the garbage, as well. (You can leave that to me.)

> Here, **na** means *instead of other options*.

A 10

At ako naman ang mag-aayos ng mga kama.

And I [contrast] the will arrange [Ng marker] [plural] bed.

And I will make the beds.

A 11

Pagdating ni Nanay, malinis na ang bahay.

When arriving of Mom, clean already the house.

When Mom arrives, the house will be tidy.

> Here, **pag-** + root means *when (…)*. This may be followed by a Ng marker or a Ng pronoun.

A 12

Naku, nandiyan na si Nanay!

Oh no, is there (near you) already [Ang marker] Mom!

Oh no, Mom's already there!

Drills

B 01

Pwede ka bang magtimpla ng kape para sa kanila?

Can you [question]-[linker] prepare (by mixing) [Ng marker] coffee for them?

Could you make some coffee for them?

B 02

Magtimpla ka nga' ng tsaa para sa mga bisita.

Prepare (by mixing) you please [Ng marker] tea for [plural] guest.

Please make some tea for the guests.

B 03

Nagtimpla siya ng matapang na kape.

Prepared (by mixing) he/she [Ng marker] strong [linker] coffee.

He/she made some strong coffee.

To form the completed form of a **mag-** verb, take the basic form and replace /m/ by /n/. **Magtimpla** ⇨ **nagtimpla**.

B 04

Nagtitimpla ako ng kape tuwing umaga.

Prepare (by mixing) I [Ng marker] coffee every morning.

I make coffee every morning.

To form the uncompleted form of a **mag-** verb, take the completed form and repeat the first syllable of the root. **Nagtimpla** ⇨ **nagtitimpla**.

B 05

Magtitimpla ng iced tea si Nanay mamaya'.

Will prepare (by mixing) [Ng marker] iced tea [Ang marker] Mom later today.

Mom will make some iced tea later today.

To form the unstarted form of a **mag-** verb, take the basic form and repeat the first syllable of the root. **Magtimpla** ⇨ **magtitimpla**.

B 06

labas, lumabas, lumabas, lumalabas, lalabas

outside, to go out, went out, goes out, will go out

Lumabas – *to go out, to come out.*

B 07

labas, maglabas, naglabas, naglalabas, maglalabas

outside, to take out, took out, takes out, will take out

Maglabas – *to take out.*

Maglinis tayo ng bahay

Maglinis tayo ng bahay bago bumalik si Nanay galing sa bakasyon.
Tama'. Ang gulu-gulo na kasi ng bahay.
Maghati' tayo ng trabaho. Ako ang maghuhugas ng pinggan.
Ako naman ang magtatapon ng mga bulok na gulay.
Tapos, ako ang maglalaba ng mga damit.
At ako naman ang magva-vacuum ng mga kwarto.
Sige. Ano pa kaya'?
Ako na rin ang maglalabas ng basura.
At ako naman ang mag-aayos ng mga kama.
Pagdating ni Nanay, malinis na ang bahay.
Naku, nandiyan na si Nanay!

Drills

Pwede ka bang magtimpla ng kape para sa kanila?
Magtimpla ka nga' ng tsaa para sa mga bisita.
Nagtimpla siya ng matapang na kape.
Nagtitimpla ako ng kape tuwing umaga.
Magtitimpla ng iced tea si Nanay mamaya'.
labas, lumabas, lumabas, lumalabas, lalabas
labas, maglabas, naglabas, naglalabas, maglalabas

Lesson 24
Pwede ba tayong lumabas?

Mike asks Mia out to the movies.

A 01

Pwede ba tayong lumabas?

Can [question] we (incl. you)-[linker] go out?

Can we go out?

A 02

Pwede ba tayong manood ng sine mamaya'?

Can [question] we (incl. you)-[linker] watch [Ng marker] movie later today?

Can we go watch a movie later today?

A 03

Hindi' pwede. Marami akong kailangang gawin.

Not possible. Have many I-[linker] needed-[linker] to be done.

No, we can't. I have a lot of things to do.

Pwede, by itself, means *allowed* or *possible*.

Kailangan -ng gawin – *need to be done*. Here, it means *things that need to be done*.

Marami akong kailangang gawin. - *I have a lot of things to do.* (Lit. *I have many (things) that need to be done.*)

A 04

Kailangan kong mag-aral.

Needed by me-[linker] to study.

I need to study.

A 05

Mag-aral?

To study?

Study?

A 06

Oo, kailangan kong magbasa ng mga libro sa library.

Yes, needed by me-[linker] to read [Ng marker] [plural] book in library.

Yes, I need to read some books in the library.

A 07

Pagkatapos, kailangan kong dumaan sa Meralco.

Afterwards, needed by me-[linker] to pass by at Meralco.

Then, I need to pass by Meralco.

Here, **pagkatapos** means *then* or *afterwards*.

Meralco is an electric power company in the Philippines.

A 08

Magbabayad ako ng bill ng kuryente namin.

Will pay I [Ng marker] bill of electricity our (excl. you).

I'll pay our electricity bill.

Bill ng kuryente – *electricity bill.*

A 09

**Tapos, pag-uwi' ko,
kailangan kong magluto' ng hapunan.**

Then, when returning home my,
needed by me-[linker] to cook [Ng marker] dinner.

Then, when I get back home, I need to cook dinner.

A 10

**E pagkatapos ng hapunan,
pwede na ba tayong lumabas?**

How about after dinner,
can finally [question] we (incl. you)-[linker] go out?

How about after dinner? Can we go out then?

Pagkatapos ng – *after (something).*

A 11

Pwede...

Possible...

We can...

A 12

Yehey!

Yippee!

Yippee!

A 13

Pagkatapos kong maghugas ng pinggan, magwalis, maglaba at magplantsa.

After my-[linker] washing [Ng marker] dish, sweeping, washing clothes and ironing.

After I'm done washing the dishes, sweeping the floor, doing the laundry and ironing.

Pagkatapos -ng + basic form – *after (doing something)*.

Maghugas ng pinggan – *to do the dishes*. This is a common verb-object combination where the object is expressed as a Ng phrase, even if it is definite.

Drills

B 01

Ma<u>ru</u>nong siyang mag<u>lu</u>to'.

Knows how he/she-[linker] to cook.

He/she knows how to cook.

B 02

Ma<u>ru</u>nong mag-Ta<u>ga</u>log si John.

Knows how to speak Tagalog [Ang marker] John.

John knows how to speak Tagalog.

B 03

Mag<u>hu</u>gas ka ng pinggan.

Wash you [Ng marker] dish.

Wash the dishes.

B 04

Huwag kang magsalita' nang mabilis.

Don't you-[linker] speak [manner] fast.

Don't speak fast.

> **Huwag ka -ng** + basic form – *don't (...)*.
>
> **Nang** here indicates the way something is done or happens. **Nang mabilis** – *fast (in a fast manner)*.
>
> Optional reading: Expressing manner (ETG p. 288/259).

B 05

Nag-usap kami nang matagal noong Sabado.

Talked to each other we (excl. you) [manner] long (for time) last Saturday.

We talked for a long time last Saturday.

B 06

Naghahanap ako ng trabaho.

Am looking for I [Ng marker] work.

I'm looking for work.

B 07

Magkikita' kami ulit sa Lunes.

Will see each other we (excl. you) again on Monday.

We'll see each other again on Monday.

B 08

luto', magluto', nagluto', nagluluto', magluluto'

cooking, to cook, cooked, cooks, will cook

B 09

hanap, maghanap, naghanap, naghahanap, maghahanap

something sought, to look for, looked for, looks for, will look for

B 10

usap, mag-usap, nag-usap, nag-uusap, mag-uusap

talking, to talk to each other, talked to each other, talk to each other, will talk to each other

Pwede ba tayong lumabas?

Pwede ba tayong manood ng sine mamaya'?
Hindi' pwede. Marami akong kailangang gawin.
Kailangan kong mag-aral.
Mag-aral?
Oo, kailangan kong magbasa ng mga libro sa library.
Pagkatapos, kailangan kong dumaan sa Meralco.
Magbabayad ako ng bill ng kuryente namin.
Tapos, pag-uwi' ko, kailangan kong magluto' ng hapunan.
E pagkatapos ng hapunan, pwede na ba tayong lumabas?
Pwede...
Yehey!
Pagkatapos kong maghugas ng pinggan, magwalis, maglaba at magplantsa.

Drills

Marunong siyang magluto'.
Marunong mag-Tagalog si John.
Maghugas ka ng pinggan.
Huwag kang magsalita' nang mabilis.
Nag-usap kami nang matagal noong Sabado.
Naghahanap ako ng trabaho.
Magkikita' kami ulit sa Lunes.
luto', magluto', nagluto', nagluluto', magluluto'
hanap, maghanap, naghanap, naghahanap, maghahanap
usap, mag-usap, nag-usap, nag-uusap, mag-uusap

Lesson 25
<u>Na</u>saan ang address book?

While Paul is taking a bath, his wife calls him to ask where their address book is. Based on a true story.

A 01

<u>Na</u>saan ang address book?

Where is the address book?

Where's the address book?

A 02

Honey, nasaan ka?

Honey, where are you?

Honey, where are you?

A 03

Nandito sa banyo, naliligo' ako.

Am here in bathroom, am taking a shower/bath I.

I'm here in the bathroom. I'm taking a shower/bath.

Naliligo' is the uncompleted form of **maligo'**, a doer-POD **ma-** verb.

The rules for forming the completed, uncompleted and unstarted forms are the same as for **mag-** verbs. **Maligo'** ⇨ **naligo'**, **naliligo'**, **maliligo'**.

A 04

Nasaan ang address book natin?

Where is the address book our (incl. you)?

Where's our address book?

A 05

Ano? Hindi' kita marinig!

What? Not by me you to be (able to be) heard!

What? I can't hear you!

Kita replaces the combination **ko-ka** (*by me* as doer and *you* as object). For example, **Na<u>ri</u>rinig kita** – *I can hear you.* Lit. *You* **(ka)** *can be heard by me* **(ko)**.

Marinig, is an object-POD **ma-** verb expressing ability. The object is the person or thing that can be heard (in this case, *you*).

Hindi' + basic form of a verb expressing ability – *can't (...).* **Hindi'** can also be followed by verbs expressing ability in the completed, uncompleted or unstarted forms.

Optional reading: **Kita** (ETG p. 71/61).

A 06

Na<u>ki</u>ta' mo ba ang address book?

Was (able to be) seen by you [question] the address book?

Have you seen the address book?

Ma<u>ki</u>ta' is also a **ma-** verb expressing ability. **Ma-** verbs expressing ability are object-POD.

Also, notice the difference between **mag<u>ki</u>ta'** and **ma<u>ki</u>ta'**. **Mag<u>ki</u>ta'** means *to see each other* or *to meet* (reciprocal), whereas **ma<u>ki</u>ta'** expresses *to be seen* (not reciprocal) and is used in a purely visual sense.

Optional reading: **Ma-** [4] (ETG p. 136/121).

A 07

Baka nasa <u>ka</u>binet.

Maybe is in cabinet.

Maybe it's in the cabinet.

A 08

Wala' roon. At wala' rin sa opi<u>si</u>na.

Is not over there. And is not either in office.

It's not there. And it's not in the office either.

A 09

Baka nalaglag sa sahig.

Maybe fell on floor.

Maybe it fell on the floor.

Nalaglag is the completed form of **malaglag**, a doer-POD **ma-** verb.

A 10

Sandali' lang, titingnan ko.

Moment just, will be looked at by me.

Wait, I'll have a look.

Tingnan is an **-an** verb. We'll have a closer look at **-an** verbs later.

A 11

Oo, tama', nandito pala sa ilalim ng kama.

Yes, correct, is here after all at place beneath of bed.

Yes, you're right. It's here after all, under the bed.

Drills

B 01

Wala' akong marinig.

Have no I-[linker] to be (able to be) heard.

I can't hear anything.

Wala' -ng + marinig – *can't hear anything.*

B 02

Dapat kang maligo' araw-araw.

Should you-[linker] take a shower/bath every day.

You should take a shower/bath every day.

Dapat ka -ng + basic form – *you ought to/must/should (…).*

Dapat often connotes a need or duty imposed by others or society.

B 03

Maligo' ka agad ha?

Take a shower/bath you right away OK?

Take a shower/bath right away, OK?

B 04

Naligo' siya kanina.

Took a shower/bath he/she earlier today.

He/she took a shower/bath earlier today.

B 05

Sandali' lang, naliligo' ako.

Moment just, am taking a shower/bath I.

Just a minute, I'm taking a shower/bath.

B 06

Maliligo' ako mamaya'.

Will take a shower/bath I later today.

I'll take a shower/bath later today.

B 07

ligo', maligo', naligo', naliligo', maliligo'

washing (one's body), to take a shower/bath, took a shower/bath, takes a shower/bath, will take a shower/bath

B 08

ki̱ta', maki̱ta', naki̱ta', naki̱kita', maki̱kita'

seeing, to be seen, was seen, is seen, will be seen

B 09

ki̱ta', magki̱ta', nagki̱ta', nagki̱kita', magki̱kita'

seeing, to see each other, saw each other, see each other, will see each other

> Tagalog has over 80 commonly-used verb affixes, some of which share the same form, but differ in meaning and use. Luckily, many roots are only used with a few affixes most of the time.
>
> The most practical way of learning which root-affix combinations exist, what they mean and what their PODs are, is to simply hear them many times in sentences.
>
> Before moving on to Lesson 26, it's a good idea to review Lessons 16–20.

Nasaan ang address book?

Honey, nasaan ka?
Nandito sa banyo, naliligo' ako.
Nasaan ang address book natin?
Ano? Hindi' kita marinig!
Nakita' mo ba ang address book?
Baka nasa kabinet.
Wala' roon. At wala' rin sa opisina.
Baka nalaglag sa sahig.
Sandali' lang, titingnan ko.
Oo, tama', nandito pala sa ilalim ng kama.

Drills

Wala' akong marinig.
Dapat kang maligo' araw-araw.
Maligo' ka agad ha?
Naligo' siya kanina.
Sandali' lang, naliligo' ako.
Maliligo' ako mamaya'.
ligo', maligo', naligo', naliligo', maliligo'
kita', makita', nakita', nakikita', makikita'
kita', magkita', nagkita', nagkikita', magkikita'

Lesson 26
Nahuli ako sa <u>kla</u>se ko

Mia tells her brother about her bad day.

A 01

Nahuli ako sa <u>kla</u>se ko

Was late | I | for | class | my

I was late for my class

Mahuli sa (…) – *to be late for (…)*. **Nahuli** is the completed form.

A 02

Nahuli ako sa klase kanina.

Was late I for class earlier today.

I was late for class earlier today.

A 03

Bakit?

Why?

Why?

A 04

Kasi umidlip ako kaninang lunch break.

Because took a nap I earlier today-[linker] lunch break.

Because I took a nap at lunch break earlier today.

Kaninang lunch break – *at lunch break earlier today.*

A 05

Tapos, late ako nagising kasi
hindi' ko narinig ang alarm ng cell phone ko.

Then, late I woke up because
not by me was (able to be) heard the alarm of cell phone my.

Then, I woke up late because I didn't hear the alarm on my cell phone.

A 06

Syempre na**ga**lit ang teacher ko.

Of course got angry the teacher my.

Of course, my teacher got angry.

A 07

E **ba**kit hindi' mo narinig ang alarm?

But why not by you was (able to be) heard the alarm?

But why didn't you hear the alarm?

> Here, **e** can be translated as *but*.

A 08

**Ewan ko. Sandali'...
nasaan na ba ang cell phone ko?**

Not known by me. Moment...
where is now [question] the cell phone my?

I don't know. Wait a second... where's my cell phone?

A 09

Naku, nanakaw yata'!

Oh no, was stolen maybe!

Oh no, maybe it got stolen!

Drills

B 01

**Rinig na rinig ang boses niya kanina.
Ang lakas kasi.**

*Audible [linker] audible the voice his/her earlier today.
Very loud because.*

You could really hear his/her voice earlier today. (His/Her voice was really audible earlier today.) It was so loud.

Rinig – *audible.* **Rinig na rinig** – *very audible.*

Optional reading: Repeated adjectives (ETG p. 260/234).

B 02

Wala' akong marinig.

Have no I-[linker] to be (able to be) heard.

I can't hear anything.

B 03

Narinig mo na ba ang balita'?

Was heard by you already [question] the news?

Have you heard the news?

Lesson 26   69

B 04

**Hindi' niya naririnig ang tawag ko.
Natutulog siya siguro.**

Not by him/her is heard the call my.
Is sleeping he/she maybe.

He/she doesn't hear my call. Maybe he/she's sleeping.

B 05

Nahuli ako sa trabaho dahil sa trapik.

Was late I for work because of traffic.

I was late for work because of traffic jams.

Dahil sa – *because of.*

B 06

Nahuli ng pulis ang magnanakaw.

Was (able to be) caught by police the thief.

The thief was caught by the police.

> Note the difference between **mahuli** *(to be late)* and **mahuli** *(can be caught)*.
>
> **Ng** here introduces the doer of the action.
>
> Optional reading: Ng markers (use #4) (ETG p. 48/41).

B 07

rinig, marinig, narinig, naririnig, maririnig

audible, to be heard, was heard, is heard, will be heard

B 08

sira', masira', nasira', nasisira', masisira'

damage, to break, broke, breaks, will break

B 09

tulog, matulog, natulog, natutulog, matutulog

sleep, to sleep, slept, sleeps, will sleep

Nahuli ako sa klase ko

Nahuli ako sa klase kanina.
Bakit?
Kasi umidlip ako kaninang lunch break.
Tapos, late ako nagising kasi hindi' ko narinig ang alarm ng cell phone ko.
Syempre nagalit ang teacher ko.
E bakit hindi' mo narinig ang alarm?
Ewan ko. Sandali'... nasaan na ba ang cell phone ko?
Naku, nanakaw yata'.

Drills

Rinig na rinig ang boses niya kanina. Ang lakas kasi.
Wala' akong marinig.
Narinig mo na ba ang balita'?
Hindi' niya naririnig ang tawag ko. Natutulog siya siguro.
Nahuli ako sa trabaho dahil sa trapik.
Nahuli ng pulis ang magnanakaw.
rinig, marinig, narinig, naririnig, maririnig
sira', masira', nasira', nasisira', masisira'
tulog, matulog, natulog, natutulog, matutulog

Lesson 27
Dahil sa trabaho

Erik had to cancel his vacation because of an urgent problem at work.

A 01

Dahil sa trabaho

Because of work

Because of work

A 02

Ba̱kit mukhang pagod si Erik?

Why looks tired [Ang marker] Erik?

Why does Erik look tired?

A 03

Kasi hindi' siya nakapagbakasyon da̱hil sa traba̱ho.

Because not he/she was able to go on vacation because of work.

Because he wasn't able to go on vacation because of work.

Nakapagbakasyon is the completed form of **makapagbakasyon**.
Makapag- verbs are doer-POD verbs expressing ability.

Optional reading: **Maka-** [1], **makapag-**, **makapang-** (ETG p. 166/148).

A 04

May proble̱ma kasi sa computer system ng kumpanya.

There is problem because with computer system of company.

There's a problem with the computer system of the company.

A 05

**Ganoon ba?
Akala' ko pumunta siya sa Puerto Galera.**

*Like that (over there) [question]?
Thought (mistakenly) by me went he/she to Puerto Galera.*

Is that so? I thought he went to Puerto Galera.

Akala' ko – *I thought (mistakenly).*

A 06

Hindi'. Hindi' siya nakapunta.

No. Not he/she was able to go.

No. He wasn't able to go.

Nakapunta is the completed form of **makapunta**, a doer-POD **maka-** verb expressing ability.

A 07

Sayang.

What a pity.

What a pity.

Lesson 27

A 08

Sabi niya, hindi' siya na**kaka**t**u**log sa gabi
dahil sa stress.

*Said by him/her, not he/she is able to sleep at night
because of stress.*

He said he couldn't sleep at night because of stress.

To form the uncompleted form of a **maka-** or **makapag-** verb: take the completed form and either—

(1) repeat the /ka/ in the affix. **Naka**t**u**log ⇨ na**kaka**t**u**log; or,

(2) repeat the first syllable of the root. **Naka**t**u**log ⇨ naka**tu**t**u**log. This option is generally used in written Tagalog and formal spoken Tagalog.

A 09

Na**kaka**p**a**god raw ang tra**ba**ho niya.

Tiring he/she said the work his/her.

He said his work was tiring.

Pagod – *tiredness.* Na**kaka**p**a**god – *tiring.*

A 10

P<u>e</u>ro pag ayos na ang probl<u>e</u>ma,
pw<u>e</u>de na siyang magbakasyon.

But once fixed the problem,
can finally he/she-[linker] go on vacation.

But once the problem has been fixed, he can finally go on vacation.

Pag… na – *once, when (from the time that)* (…).

The second **na** here means *finally*.

Drills

B 01

Masarap ang tulog ng mga pusa' sa labas.

Delicious the sleep of [plural] cat in outside.

The cats are sleeping soundly outside.

Masarap, when describing sleep, means *deep and peaceful* or *sound*.

B 02

Hindi' ako makatulog sa eroplano.

Not I to be able to sleep on airplane.

I can't sleep on the plane.

Hindi' + basic form of a verb expressing ability – *can't (...)*. **Hindi'** can also be followed by verbs expressing ability in the completed, uncompleted or unstarted forms.

B 03

Naka<u>tu</u>log ako <u>k</u>ahit ma<u>i</u>ngay.

Was able to sleep I even though noisy.

I was able to sleep even though it was noisy.

Here, <u>**k**</u>**ahit** means *even though*.

B 04

**Na<u>k</u>aka<u>tu</u>log ang mga <u>b</u>ata'
kung walang lamok.**

*Are able to sleep the [plural] child
when there are no-[linker] mosquito.*

The children can sleep (fall asleep) when there are no mosquitoes.

B 05

Makakatulog kayo nang mabuti pagkatapos ng byahe.

Will be able to sleep you (plural) [manner] well after trip.

You'll be able to sleep well after the trip.

To form the unstarted form of a **maka-** or **makapag-** verb: take the basic form and either—

(1) repeat the /ka/ in the affix. **Makatulog** ⇨ ma**ka**katulog; or,

(2) repeat the first syllable of the root. **Makatulog** ⇨ maka**tu**tulog. This option is generally used in written Tagalog and formal spoken Tagalog.

B 06

Nakakuha' siya ng lisensya sa pagmamaneho.

Was able to get he/she [Ng marker] license for driving.

He/she was able to get a driver's license.

Nakakuha' – *was able to get* or *managed to get*.

Lisensya sa pagmamaneho, or simply, **lisensya** – *driver's license*.

B 07

Paano ako makakakuha' ng lisensya?

How I will be able to get [Ng marker] license?

How can I get a license?

Paano – *how (in what way or by what means).*

B 08

**tulog, makatulog, nakatulog,
nakakatulog, makakatulog**

*sleep, to be able to sleep, was able to sleep,
is able to sleep, will be able to sleep*

B 09

**kuha', makakuha', nakakuha',
nakakakuha', makakakuha'**

*getting, to be able to get, was able to get,
is able to get, will be able to get*

B 10

**punta, makapunta, nakapunta,
nakakapunta, makakapunta**

*going, to be able to go, was able to go,
is able to go, will be able to go*

Dahil sa trabaho

Bakit mukhang pagod si Erik?
Kasi hindi' siya nakapagbakasyon dahil sa trabaho.
May problema kasi sa computer system ng kumpanya.
Ganoon ba? Akala' ko pumunta siya sa Puerto Galera.
Hindi'. Hindi' siya nakapunta.
Sayang.
Sabi niya, hindi' siya nakakatulog sa gabi dahil sa stress.
Nakakapagod raw ang trabaho niya.
Pero pag ayos na ang problema, pwede na siyang magbakasyon.

Drills

Masarap ang tulog ng mga pusa' sa labas.
Hindi' ako makatulog sa eroplano.
Nakatulog ako kahit maingay.
Nakakatulog ang mga bata' kung walang lamok.
Makakatulog kayo nang mabuti pagkatapos ng byahe.
Nakakuha' siya ng lisensya sa pagmamaneho.
Paano ako makakakuha' ng lisensya?
tulog, makatulog, nakatulog, nakakatulog, makakatulog
kuha', makakuha', nakakuha', nakakakuha', makakakuha'
punta, makapunta, nakapunta, nakakapunta, makakapunta

Lesson 28
May banggaan

A jeepney driver comes home from work and tells his wife about an accident in town.

A 01

May banggaan

There was collision

There was an accident

A 02

May banggaan sa bayan kanina.

There was collision in town earlier today.

There was an accident in town earlier today.

Bayan – *town, town center, country.*

A 03

Talaga? Ano ang nangyari?

Really? What the happened?

Really? What happened?

Ang nangyari – *the thing that happened.* **Mangyari** – *to happen.*

A 04

Bigla' na lang tumigil ang isang sasakyan.

Suddenly just stopped the one-[linker] vehicle.

There was this one vehicle that stopped all of a sudden. (One vehicle suddenly stopped.)

Bigla' na lang – *suddenly, unexpectedly and for no reason.*

A 05

Tapos, **hindi'** nakapag**pre**no **ang** driver **sa** likod **niya**.

Then, not was able to brake the driver at back his/her.

And the driver behind him wasn't able to brake.

Sa likod niya – *at his/her back* or *behind him/her.*

A 06

Ha? Bakit biglang tu**mi**gil
iyong isang driver?

Huh? Why suddenly-[linker] stopped
that (over there)-[linker] one-[linker] driver?

Huh? Why did that driver stop suddenly?

A 07

Ewan **ko**.

Not known by me.

I don't know.

Lesson 28

A 08

**Nasa likod nila kami
at muntik na rin kaming mabangga'.**

*Were at back their we (excl. you)
and almost also we (excl. you)-[linker] collide.*

We were behind them and we almost hit them too.

Nasa likod nila kami – *We (excl. you) were at their back;* or, *we (excl. you) were behind them.* **Nasa** does not specify time. Depending on the context, it can be in the past (as in this case), the present or the future.

Muntik na -ng + basic form – *nearly, almost (...).*

A 09

May sugatan ba?

There were injured [question]?

Was there anyone injured?

86 Learning Tagalog: Fluency Made Fast and Easy

A 10

**Wala' naman yata'.
Nasira' lang ang bumper ng kotse sa harap namin.**

*There were none [contrast] it seems.
Broke only the bumper of car in front our (excl. you).*

I don't think there was. Only the bumper of the car in front of us was damaged.

Sa harap namin – *in front of us (excl. you).*

A 11

May pasahero ka ba noon?

Had passenger you [question] then?

Did you have any passengers then?

Noon – *then, at that time (in the past).*

A 12

Oo, marami.
Mabuti na lang nakaiwas kami sa banggaan.

Yes, had many.
Good just were able to avoid we (excl. you) [Sa marker] collision.

Yes, I had many. Good thing we were able to avoid the accident.

Mabuti na lang, buti na lang – *good thing.*

Umiwas sa – *to avoid.* **Makaiwas sa** – *to be able to avoid.*

Drills

B 01

Hindi' siya makapagluto' kasi ubos na ang posporo.

Not he/she to be able to cook because used up now the match.

He/she can't cook because there are no matches left.

B 02

Hindi' siya makapagtipid dahil magastos ang misis niya.

Not he/she to be able to save because spendthrift the wife (colloquial) his/her.

He can't save because his wife spends a lot.

> **Magtipid** – *to save (e.g. money, time, water).*

B 03

Nakapagtrabaho ka ba kahit maingay?

Were able to work you [question] even though noisy?

Were you able to work even though there was a lot of noise?

B 04

Hindi', pero makakapagtrabaho naman ako bukas pag tahimik na.

No, but will be able to work [contrast] I tomorrow when quiet finally.

No, but I'll be able to work tomorrow when it's quiet.

B 05

Hindi' ako nakakapag-aral pag may ibang tao.

Not I am able to study when there is other-[linker] person.

I can't study whenever there's someone else around.

Iba – *other, another, different.*

B 06

aral, makapag-aral, nakapag-aral, nakakapag-aral, makakapag-aral

lesson, to be able to study, was able to study, is able to study, will be able to study

B 07

luto', makapagluto', nakapagluto', nakakapagluto', makakapagluto'

cooking, to be able to cook, was able to cook, is able to cook, will be able to cook

May banggaan

May banggaan sa bayan kanina.
Talaga? Ano ang nangyari?
Bigla' na lang tumigil ang isang sasakyan.
Tapos, hindi' nakapagpreno ang driver sa likod niya.
Ha? Bakit biglang tumigil iyong isang driver?
Ewan ko.
Nasa likod nila kami at muntik na rin kaming mabangga'.
May sugatan ba?
Wala' naman yata'. Nasira' lang ang bumper ng kotse sa harap namin.
May pasahero ka ba noon?
Oo, marami. Mabuti na lang nakaiwas kami sa banggaan.

Drills

Hindi' siya makapagluto' kasi ubos na ang posporo.
Hindi' siya makapagtipid dahil magastos ang misis niya.
Nakapagtrabaho ka ba kahit maingay?
Hindi', pero makakapagtrabaho naman ako bukas pag tahimik na.
Hindi' ako nakakapag-aral pag may ibang tao.
aral, makapag-aral, nakapag-aral, nakakapag-aral, makakapag-aral
luto', makapagluto', nakapagluto', nakakapagluto', makakapagluto'

Lesson 29
Sa resort

A couple is having a day out at a stylish resort.

A 01

Sa **resort**

At *resort*

At the resort

A 02

Mukhang sosyal ang resort na ito.

Looks posh (colloquial) the resort [linker] this.

This resort looks so posh.

Sosyal – *exclusive, swanky, posh.*

A 03

Oo nga', ang ganda rito.

Yes indeed, very beautiful here.

Yes, it's so beautiful here.

A 04

Masarap kaya' ang pagkain dito? Gutom na ako.

Delicious do you think the food here? Hungry now I.

Do you think the food here is good? I'm hungry.

Kaya' here means *do you think?*

Gutom na – *hungry.*

A 05

Masarap daw, sabi ng kaibigan ko.

Delicious from what I hear, said by friend my.

It's good, according to my friend.

> **Sabi ng** – (...) said; according to (...).

A 06

Ano ang gusto mong kainin?

What the wanted by you-[linker] to be eaten?

What do you want to eat?

> **Kainin** is an object-POD **-in** verb in the basic form. The POD is **ang gusto mong kainin** – *the thing you want to eat.*

A 07

Sandali', babasahin ko muna ang menu. [...]

Moment, will be read by me first the menu. [...]

Wait, I'll read the menu first. [...]

Some **-in** verbs have the affix **-hin** or **-nin** (instead of **-in**).

The basic form of **babasahin** is **basahin**.

To form the unstarted form of an **-in** verb: take the basic form and repeat the first syllable of the root. **Basahin** ⇨ **babasahin**.

Muna here means *first*.

A 08

Grilled lapu-lapu na lang. Ikaw?

Grilled lapu-lapu just. You?

I'll just have grilled lapu-lapu. And you?

Lapu-lapu – *a type of grouper (fish)*.

A 09

**Gusto ko sana ang specialty nila,
kaso lang may hipon.**

*Wanted by me would have the specialty their,
the only problem is there is shrimp.*

I would have wanted to try their specialty, but it contains shrimp.

Gusto sana – *would have wanted/liked, would like.*

Kaso lang – *the only thing is, the only problem is.*

A 10

**Baka pwedeng tanggalin ang hipon.
Tanungin mo ang waiter.**

*Maybe can-[linker] be removed the shrimp.
Be asked by you the waiter.*

Maybe they can leave out the shrimp. Ask the waiter.

Tanungin is an **-in** verb in the basic form.

Basic form + **mo/ninyo** is a common way of forming commands with non-doer-POD verbs.

A 11

Sige.
Ano naman **ang** gusto **mong** inumin?

All right.
What [contrast] the wanted by you-[linker] to be drunk?

All right. And what would you like to drink?

> The root of **inumin** is **inom**. **Inumin** is an object-POD verb.
>
> In some cases, a sound change occurs when a root and an affix are combined. **Inom + -in** ⇨ **inumin**.

A 12

Ka̲hit ano.

Anything.

Anything.

> **Ka̲hit ano** – *anything, whatever, no matter what.*

Drills

B 01

Ano ang ibig sabihin niyan?

What the meant by that (near you)?

What does that mean?

Ibig sabihin – *mean* (lit. *want to say*).

B 02

Punuin mo naman ang baso nila.

Be filled by you please the glass their.

Please fill their glasses.

Naman can be used to make a command or request more polite and friendly.

Baso is singular here because each person has one glass.

B 03

**Ha_na_pin mo nga' ang salamin ko.
Wala' akong ma_ki_ta'.**

*Be looked for by you please the eyeglasses my.
Have no I-[linker] to be seen.*

Could you please look for my glasses. I can't see anything.

Wala' -ng + basic form of a verb expressing ability – *can't (…) anything.*

B 04

Hindi' ko maa_la_la ang si_na_bi niya.

Not by me to be remembered the was said by him/her.

I can't remember what he/she said.

To form the completed form of an **-in** verb that starts with a consonant other than /l/, /r/, /w/ or /y/: insert /in/ after the first consonant, then remove the final **-in/-hin/-nin**. **Sa_bi_hin** ⇨ **si_na_bi**.

100　Learning Tagalog: Fluency Made Fast and Easy

B 05

Ano ang hinahanap mo?

What the is being looked for by you?

What are you looking for?

To form the uncompleted form of an **-in** verb: take the completed form and repeat the first syllable of the root. **Hanapin** ⇨ **hinanap** ⇨ **hinahanap**.

B 06

Hahanapin ko ang susi' para sa iyo bukas.

Will be looked for by me the key for you tomorrow.

I'll look for the key for you tomorrow.

B 07

Kahit saan. Kahit kailan.

Anywhere. Anytime.

Anywhere. Anytime.

Kahit saan – *anywhere, wherever, no matter where.*

Kahit kailan – *anytime, whenever, no matter when.*

B 08

hanap, hanapin, hinanap, hinahanap, hahanapin

something sought, to be looked for, was looked for, is looked for, will be looked for

B 09

sabi, sabihin, sinabi, sinasabi, sasabihin

something said, to be said, was said, is said, will be said

B 10

tanong, tanungin, tinanong, tinatanong, tatanungin

question, to be asked, was asked, is asked, will be asked

B 11

kain, kainin, kinain, kinakain, kakainin

eating, to be eaten, was eaten, is eaten, will be eaten

Sa resort

Mukhang sosyal ang resort na ito.
Oo nga', ang ganda rito.
Masarap kaya' ang pagkain dito? Gutom na ako.
Masarap daw, sabi ng kaibigan ko.
Ano ang gusto mong kainin?
Sandali', babasahin ko muna ang menu. [...]
Grilled lapu-lapu na lang. Ikaw?
Gusto ko sana ang specialty nila, kaso lang may hipon.
Baka pwedeng tanggalin ang hipon. Tanungin mo ang waiter.
Sige. Ano naman ang gusto mong inumin?
Kahit ano.

Drills

Ano ang ibig sabihin niyan?
Punuin mo naman ang baso nila.
Hanapin mo nga' ang salamin ko. Wala' akong makita'.
Hindi' ko maalala ang sinabi niya.
Ano ang hinahanap mo?
Hahanapin ko ang susi' para sa iyo bukas.
Kahit saan. Kahit kailan.
hanap, hanapin, hinanap, hinahanap, hahanapin
sabi, sabihin, sinabi, sinasabi, sasabihin
tanong, tanungin, tinanong, tinatanong, tatanungin
kain, kainin, kinain, kinakain, kakainin

Lesson 30
Ang mga <u>bi</u>lin

Mr. Cruz gives his maid some instructions before he leaves for work.

A 01

Ang mga <u>bi</u>lin

The [plural] instruction

The instructions

<u>Bi</u>lin – *order, request, directions, instructions.*

A 02

A__yu__sin mo ang mga __kwar__to at s__a__la.

Be put in order by you the [plural] room and living room.

Tidy up the rooms and the living room.

> To form the completed form of an **-in** verb that starts with a vowel: place **/in/** at the beginning of the word, then remove the final **-in/-hin/-nin**. **Alisin** ⇨ **inalis**.
>
> **A__yu__sin** ⇨ **in__a__yos** (the root is **__a__yos**).

A 03

__O__po'.

Yes (polite).

Yes, sir.

A 04

T__a__pos, li__ni__sin mo ang sahig.

Then, be cleaned by you the floor.

Then, clean the floor.

A 05

Ano po' ang gamitin ko?

What [polite] the will be used by me?

What shall I use? (polite)

A 06

Gamitin mo ang vacuum cleaner at floor polisher.

Be used by you the vacuum cleaner and floor polisher.

Use the vacuum cleaner and the floor polisher.

A 07

Alam mo kung paano di ba?

Known by you how, right?

You know how to, right?

Alam mo kung + question word – *you know what/how/etc.* **Alam mo kung bakit.** – *You know why.*

A 08

Opo'.
Lilinisin ko rin po' ba ang hagdan?

Yes (polite).
Will be cleaned by me also [polite] [question] the staircase?

Yes, I do. Shall I also clean the staircase? (polite)

Note the order of the enclitic words here: **ko rin po' ba**.

Optional reading: Order of enclitic words (ETG p. 341/307).

A 09

Hindi', saka' na lang iyon.

No, for another time that (over there).

No, that can wait. (No, that's for another time.)

Saka' na (lang) – *some other time, (for) another time.*

A 10

Tapos, para sa hapunan, lutuin mo ang manok sa ref.

Then, for dinner, be cooked by you the chicken in fridge.

Then, for dinner, cook the chicken in the fridge.

A 11

**Opo'. Kaso lang po',
kulang ang bigas natin.**

*Yes (polite). The only problem is [polite],
not enough the uncooked rice our (incl. you).*

Yes. But I'm afraid we don't have enough rice. (polite)

Kanin – *cooked rice.*

Bigas – *uncooked husked rice.*

Palay – *unhusked rice or rice plant.*

A 12

**A. E di bumili ka ng isang sako sa labas
pagkatapos mong maglinis.**

*Ah. Well then buy you [Ng marker] one-[linker] sack in outside
after your-[linker] cleaning.*

Oh. Well then, go out and buy a sack (of rice) when you're done cleaning.

Here, **e di** means *then* or *well then*.

Pagkatapos mo (-ng) + basic form – *after you (...).*

Drills

B 01

Lut<u>u</u>in mo ito m<u>a</u>maya'.

Be cooked *by you* *this* *later today.*

Cook this later today.

B 02

Nil<u>u</u>to' niya ang dinuguan nang mag-isa noong pista.

Was cooked *by him/her* *the* *dinuguan* *[manner]* *alone* *last* *fiesta.*

He/she cooked the dinuguan all alone during the last fiesta.

Nil<u>u</u>to' is the completed form of **lut<u>u</u>in**.

To form the completed form of an **-in** verb that starts with /l/, /r/, /w/ or /y/: insert /ni/ before /l/, /r/, /w/ or /y/, then remove the final **-in**/**-hin**/**-nin**. **Lut<u>u</u>in** ⇨ **nil<u>u</u>to'**.

Mag-isa here means *alone* or *single-handed*.

Dinuguan is a kind of pork stew with blood.

B 03

Ano ang niluluto' mo?

What the is being cooked by you?

What are you cooking?

B 04

Ano ang bibilhin mo?

What the will be bought by you?

What are you going to buy?

> The basic form of **bibilhin** is **bilhin**. The root is **bili**. **Bili** can also be turned into an **(-)um-** verb: **bumili**.
>
> **Bilhin** is used with a definite object *(the…)*, while **bumili** is used with an indefinite object *(a/some…)*. Examples: **Binili ko ang cake.** – *I bought the cake.* **Bumili ako ng cake.** – *I bought (some) cake.*

B 05

Tamad raw ang katulong nila.

Lazy they say the servant their.

They say their servant/maid is lazy.

B 06

Hindi' totoo iyan. Masipag siya.

Not true that (near you). Industrious he/she.

That's not true. He/she works hard.

B 07

luto', lutuin, niluto', niluluto', lulutuin

cooking, to be cooked, was cooked, is cooked, will be cooked

B 08

gamit, gamitin, ginamit, ginagamit, gagamitin

use, to be used, was used, is used, will be used

B 09

bili, bilhin, binili, binibili, bibilhin

buying, to be bought, was bought, is bought, will be bought

Congratulations! You are now halfway through this course. If you find the verbs challenging, you're not alone. They are certainly the most complex part of Tagalog. However, with sufficient exposure and repetition, they will soon become second nature to you.

Before moving on to Lesson 31, it's a good idea to review Lessons 21–25.

Ang mga bilin

Ayusin mo ang mga kwarto at sala.
Opo'.
Tapos, linisin mo ang sahig.
Ano po' ang gagamitin ko?
Gamitin mo ang vacuum cleaner at floor polisher.
Alam mo kung paano di ba?
Opo'. Lilinisin ko rin po' ba ang hagdan?
Hindi', saka' na lang iyon.
Tapos, para sa hapunan, lutuin mo ang manok sa ref.
Opo'. Kaso lang po', kulang ang bigas natin.
A. E di bumili ka ng isang sako sa labas pagkatapos mong maglinis.

Drills

Lutuin mo ito mamaya'.
Niluto' niya ang dinuguan nang mag-isa noong pista.
Ano ang niluluto' mo?
Ano ang bibilhin mo?
Tamad raw ang katulong nila.
Hindi' totoo iyan. Masipag siya.
luto', lutuin, niluto', niluluto', lulutuin
gamit, gamitin, ginamit, ginagamit, gagamitin
bili, bilhin, binili, binibili, bibilhin

Lesson 31
Pakitanong kay <u>Kuya</u>

Julius wants to borrow his brother's car, but wants his sister to do the asking.

A 01

Pakitanong kay <u>Kuya</u>

Could you ask [Sa marker] Older Brother

Could you ask Kuya

<u>Kuya</u> can be used to refer to one's brother instead of his name, just like *Mom* or *Dad*.

Paki- + root – *could you (…)*.

Pakitanong sa/kay – *could you ask (someone)*.

Magtanong sa/kay – *to ask (someone)*.

A 02

May reunion kami ng mga kaklase ko sa Biyernes.

Have reunion we (excl. you) [Ng marker] [plural] classmate my on Friday.

My classmates and I have a reunion on Friday.

Kami ng mga kaklase ko – *my classmates and I.*

Optional reading: **Kami ni John** etc. (ETG p. 72/62).

A 03

Saan?

Where?

Where?

A 04

Sa resort ng kaibigan ko.

At resort of friend my.

At my friend's resort.

116 Learning Tagalog: Fluency Made Fast and Easy

A 05

Pa<u>a</u>no ka p<u>u</u>punta doon?

How you will go over there?

How will you go there?

A 06

Ewan ko. M<u>e</u>dyo mal<u>a</u>yo' ang resort e.

Not known by me. Quite far the resort you see.

I don't know. The resort is quite far, you see.

M<u>e</u>dyo – *pretty, quite, rather.*

A 07

Gusto ko s<u>a</u>nang hiramin ang kotse ni Kuya.

Wanted by me would-[linker] to be borrowed the car of Older Brother.

I'd like to borrow Kuya's car.

Gusto s<u>a</u>na (-ng) + basic form – *would have wanted/liked to (…), would like to (…).*

Lesson 31

A 08

Pakitanong mo naman sa kanya kung pwede.

Could you ask please [Sa marker] him/her whether allowed.

Could you please ask him if it's fine with him.

Mo/ninyo may be inserted after a **paki-** verb. **Pakitanong (mo)** – *could you ask*. The person asked is expressed as a Sa phrase. It can be omitted when it is understood.

Kung here means *if* or *whether*.

A 09

O sige, tatanungin ko siya.

All right, will be asked by me he/she.

All right, I'll ask him.

A 10

Pupunta ka ba sa reunion nang mag-isa?

Will go you [question] to reunion [manner] alone?

Are you going to the reunion alone?

A 11

Hindi', kasama ko sina Mark at Beth.

No, with me [Ang marker] Mark and Beth.

No, I'm going with Mark and Beth. (Mark and Beth will be with me.)

Kasama ko – *with me, accompanying me.*

Kasama can also mean *companion*.

A 12

Si Beth?
Di ba sumusuka iyon parati sa sasakyan?

[Ang marker] Beth?
Isn't it vomits that (over there) always in vehicle?

Beth? Doesn't she always throw up in the car?

Iyon can be used to refer to the person spoken about.

Drills

B 01

Pakil<u>u</u>to' ng escab<u>e</u>che.

Could you cook [Ng marker] escabeche.

Could you cook (the) escabeche.

Paki- + root + Ng phrase – *could you (verb) (object).*

Escabeche in Philippine cuisine is usually fish in sweet and sour sauce.

B 02

Pakis<u>a</u>bi sa kanya, hindi' ako mak<u>a</u>kapunta.

Could you say to him/her, not I will be able to go.

Could you tell him/her I won't be able to go.

Pakis<u>a</u>bi sa/kay – *could you tell (someone).*

B 03

Pakih<u>a</u>nap ng relo ko.

Could you look for [Ng marker] watch my.

Could you look for my watch.

B 04

Pakidala nito.

Could you carry this.

Could you carry this.

B 05

Pakisundo' ng mga bata' mamaya'.

Could you fetch [Ng marker] [plural] child later today.

Could you fetch the children later today.

Sunduin – *to pick up* or *to fetch.*

B 06

Pakibigay ng pera sa kanila.

Could you give [Ng marker] money to them.

Could you give them (the) money.

B 07

Pakipuno' ng mga baso.

Could you fill [Ng marker] [plural] glass.

Could you fill the glasses.

B 08

Pakisagot naman ng telepono.

Could you answer please [Ng marker] telephone.

Could you answer the phone, please.

Pakitanong kay Kuya

May reunion kami ng mga kaklase ko sa Biyernes.
Saan?
Sa resort ng kaibigan ko.
Paano ka pupunta doon?
Ewan ko. Medyo malayo' ang resort e.
Gusto ko sanang hiramin ang kotse ni Kuya.
Pakitanong mo naman sa kanya kung pwede.
O sige, tatanungin ko siya.
Pupunta ka ba sa reunion nang mag-isa?
Hindi', kasama ko sina Mark at Beth.
Si Beth? Di ba sumusuka iyon parati sa sasakyan?

Drills

Pakiluto' ng escabeche.
Pakisabi sa kanya, hindi' ako makakapunta.
Pakihanap ng relo ko.
Pakidala nito.
Pakisundo' ng mga bata' mamaya'.
Pakibigay ng pera sa kanila.
Pakipuno' ng mga baso.
Pakisagot naman ng telepono.

Lesson 32
Pwede bang makisakay?

John's new female colleague takes advantage of him.

A 01

Pwede bang makisakay?

Can [question]-[linker] ride with?

Can I get a ride?

Here, **maki-** means *to join in an act*. **Sakay** – *riding, boarding (a vehicle)*. **Makisakay** – *to get a ride* (lit. *to join in riding a vehicle*).

In Tagalog, the POD or other parts of the sentence can be omitted when they are understood. The full sentence would be: **Pwede ba akong makisakay sa iyo?** – *Can I get a ride with you?*

Optional reading: **Maki-** [1] (ETG p. 170/151).

A 02

John, anong oras ka uuwi' mamaya'?

John, what-[linker] time you will go home later today?

John, what time are you going home today?

A 03

Baka mga alas sais. Bakit?

Maybe around six o'clock. Why?

Maybe at around six. Why?

A 04

Pwede ba akong makisakay sa iyo mamaya'?

Can [question] I-[linker] ride with [Sa marker] you later today?

Can I get a ride with you later?

Makisakay sa/kay – *to get a ride with (someone).*

A 05

Sira' kasi ang kotse ko. Nasa talyer pa.

Broken because the car my. Is in garage still.

My car is broken and it's still in the garage.

A 06

O sige, walang problema.

All right, there is no-[linker] problem.

Oh, sure, no problem.

A 07

Salamat... at... John, pwede rin ba akong makigamit ng cell phone mo?

Thanks... and... John, can also [question] I-[linker] use (w/ perm.) [Ng marker] cell phone your?

Thanks... and... John, could I also use your cell phone?

Here, **maki-** means to do something involving someone else's possessions or personal space with their permission. **Gamit** – *use, using*.

Optional reading: **Maki-** [2] (ETG p. 171/152).

A 08

Makikitawag lang sana ako nang sandali'.

Will call (w/ perm.) just would like I for a minute.

I would just like to make a call, just for a minute.

To form the unstarted form of a **maki-** verb: take the basic form and repeat the /ki/ in the affix. **Makitawag** ⇨ **makikitawag**.

Makiki-(...) sana – *would like to (...) (with someone's permission)*.

(Nang) sandali' – *for a minute*.

A 09

O sige.

All right.

All right.

A 10

Sal_a_mat... at... John, <u>pwe</u>de bang maki<u>ka</u>in at maki<u>tu</u>log <u>ma</u>maya' sa <u>ba</u>hay ninyo?

Thanks... and... John, can [question]-[linker] eat (w/ perm.) and sleep (w/ perm.) later today at house your (plural)?

Thanks... and... John, could I eat and sleep at your place today?

Maki<u>ka</u>in can mean *to join in eating* or *to eat at someone's place* or both, depending on the context.

Drills

B 01

Nakiraan siya sa kanila.

Passed (w/ perm.) he/she [Sa marker] them.

He/she passed through (or went through their property) with their permission.

To form the completed form of a **maki-** verb: take the basic form and replace /m/ by /n/. Makiraan ⇨ nakiraan.

Makiraan can mean *to pass in front of someone* or *to go through someone's property with his or her permission.*

The person(s) whose permission is asked is expressed as a Sa phrase.

B 02

Nakitawag siya sa kapitbahay niya.

Called (w/ perm.) he/she [Sa marker] neighbor his/her.

He/she used his/her neighbor's phone (with the neighbor's permission).

B 03

Nakikisakay ang mga officemates ko sa akin.

Ride with the [plural] colleagues my [Sa marker] me.

I give my colleagues a ride (regularly). (My colleagues ride with me.)

To form the uncompleted form of a **maki-** verb: take the completed form and repeat the /ki/ in the affix. **Makisakay** ⇨ **nakisakay** ⇨ **nakikisakay**.

Officemate – *colleague* or *co-worker*.

B 04

Makikisakay ako kay Mary.

Will ride with I [Sa marker] Mary.

I'll get a ride with Mary.

B 05

Makikiraan po'.

Will pass (w/ perm.) [polite].

Excuse me. (May I pass through?)

Makikiraan po' can be used when passing in front of someone or when someone is in your way.

B 06

upo', makiupo', nakiupo', nakikiupo', makikiupo'

sitting, to sit (w/ perm.), *sat (w/ perm.),* sits (w/ perm.), *will sit (w/ perm.)*

Makiupo' – *to sit with* or *to sit with someone's permission.*

B 07

sakay, makisakay, nakisakay, nakikisakay, makikisakay

passenger/load, to ride with, *rode with,* rides with, *will ride with*

B 08

tawag, makitawag, nakitawag, nakikitawag, makikitawag

call, to call (w/ perm.), *called (w/ perm.),* calls (w/ perm.), *will call (w/ perm.)*

Pwede bang makisakay?

John, anong oras ka uuwi' mamaya'?
Baka mga alas sais. Bakit?
Pwede ba akong makisakay sa iyo mamaya'?
Sira' kasi ang kotse ko. Nasa talyer pa.
O sige, walang problema.
Salamat… at… John, pwede rin ba akong makigamit ng cell phone mo?
Makikitawag lang sana ako nang sandali'.
O sige.
Salamat… at… John, pwede bang makikain at makitulog mamaya' sa bahay ninyo?

Drills

Nakiraan siya sa kanila.
Nakitawag siya sa kapitbahay niya.
Nakikisakay ang mga officemates ko sa akin.
Makikisakay ako kay Mary.
Makikiraan po'.
upo', makiupo', nakiupo', nakikiupo', makikiupo'
sakay, makisakay, nakisakay, nakikisakay, makikisakay
tawag, makitawag, nakitawag, nakikitawag, makikitawag

Lesson 33
May bagyo

There's a storm.

A 01

May bagyo

There is storm

There's a storm

A 02

Naku, ang lakas ng hangin!

My, how strong of wind!

My, the wind is so strong!

A 03

Isara mo nga' ang mga bintana'.

Be closed by you please the [plural] window.

Could you close the windows, please.

> **Isara** is an object-POD **i-** verb. **Isara mo ang mga bintana'.** – *Close the windows.* **Magsara ka ng mga bintana'.** – *Close (some) windows.*

A 04

May bagyo ba?

There is storm [question]?

Is there a storm?

A 05

Siguro. Sobrang lakas ng hangin at ulan nang ulan.

Maybe. How-[linker] strong of wind and raining and (repetition) raining.

Maybe. The wind is so strong and it keeps on raining.

Ulan means *rain*. It is the root of **umulan** – *to rain*.

Ulan nang ulan – *to keep on raining* (lit. *to rain and rain*).

Optional reading: Repeated verbs and verb roots (ETG p. 227/204).

A 06

Baka magbaha' na naman.

Might flood again.

It might flood again.

Baka + basic form – *might, I'm afraid (…)*. **Baka magbaha'.** – *It might flood. I'm afraid it will flood.*

Na naman – *again*.

A 07

Oo nga'.

Yes indeed.

I think so too.

A 08

Sandali', pakinggan natin ang balita' sa radyo.

Moment, be listened to by us (incl. you) the news on radio.

Wait, let's listen to the news on the radio.

> The root of **pakinggan** (an irregular verb) is **kinig**. The affix of this verb is a **pa-...-an** affix that is seldom combined with other roots. The POD is the person or thing listened to (in this case, **ang balita'**).

A 09

Ano raw ang signal ng bagyo?

What they say the signal of storm?

What do they say is the storm's signal? / What's the storm's signal according to them?

> Typhoon signal – the intensity of a typhoon. Signal #1 – winds of 30-60 kph; Signal #2 – 60.1-100 kph; Signal #3 – 100.1-185 kph; Signal #4 – more than 185 kph.

A 10

Signal number one daw.

Signal number one they say.

They say it's signal number one.

A 11

Pero baka tumindi pa ang bagyo.

But might get more intense even the storm.

But the storm might get even stronger.

Here, **pa** means *even*.

A 12

Malamang.

Probably.

Probably.

Malamang – *chances are, probably.*

Lesson 33

Drills

B 01

Itanong mo sa kanya ang pangalan niya.

Be asked by you [Sa marker] him/her the name his/her.

Ask him/her his/her name.

> Here, the person asked is expressed as a Sa phrase.

B 02

Ihatid mo sila sa labas.

Be taken by you they to outside.

Take them outside.

> **Ihatid** – *to bring, to take, to escort, to usher, to see off.*
>
> All Ang and Ng pronouns, such as **ako, ko, ka, mo, sila, nila** etc. are always definite, because the people they refer to are identifiable. Whenever an identifiable person is the object of the action, it becomes the POD of the sentence (in this case, **sila**) and an object-POD verb is used (in this case, **ihatid**). The doer is then expressed as a Ng phrase (in this case, **mo**).

B 03

Itinanong niya sa driver kung magkano ang pamasahe.

Was asked by him/her [Sa marker] driver how much the fare.

He/she asked the driver how much the fare was.

To form the completed form of an **i-** verb, where **i-** is followed by a consonant other than /l/, /r/, /w/ or /y/: insert /in/ after the first consonant. **Itanong** ⇨ **itinanong**.

Itanong kung + question word – *to ask what/how/etc.*

B 04

Ihinatid niya kami sa parking.

Was taken by him/her we (excl. you) to parking lot.

He/she took us to the parking lot.

Kami is definite and has to be the POD.

Other examples using **bisita** (a noun that is not a personal name): **Ihinatid niya ang bisita sa parking.** – *He/she took the visitor* (definite) *to the parking lot.* **Naghatid siya ng bisita sa parking.** – *He/she took a visitor* (indefinite) *to the parking lot.*

Lesson 33

B 05

L<u>a</u>gi niyang inil<u>a</u>lagay ang g<u>a</u>mit niya sa lam<u>e</u>sa ko.

Always by him/her-[linker] is put the stuff his/her on table my.

He/she always puts his/her stuff on my table (or desk).

To form the completed form of an **i-** verb, where **i-** is followed by /l/, /r/, /w/ or /y/: insert /**ni**/ before /l/, /r/, /w/ or /y/. **Ilagay** ⇨ **inilagay**.

To form the uncompleted form of an **i-** verb: take the completed form and repeat the first syllable of the root. **Inilagay** ⇨ **inil<u>a</u>lagay**.

B 06

It<u>a</u>tanong ko sa kanya kung b<u>a</u>kit.

Will be asked by me [Sa marker] him/her why.

I'll ask him why.

To form the unstarted form of an **i-** verb: take the basic form and repeat the first syllable of the root. **Itanong** ⇨ **it<u>a</u>tanong**.

B 07

Ihahatid n<u>a</u>min si Christine sa airport.

Will be brought by us (excl. you) [Ang marker] Christine to airport.

We'll bring Christine to the airport.

B 08

tanong, itanong, itinanong, itinatanong, itatanong

question, to be asked, was asked, is asked, will be asked

B 09

sara, isara, isinara, isinasara, isasara

closing, to be closed, was closed, is closed, will be closed

B 10

lagay, ilagay, inilagay, inilalagay, ilalagay

putting, to be put, was put, is put, will be put

May bagyo

Naku, ang lakas ng hangin!
Isara mo nga' ang mga bintana'.
May bagyo ba?
Siguro. Sobrang lakas ng hangin at ulan nang ulan.
Baka magbaha' na naman.
Oo nga'.
Sandali', pakinggan natin ang balita' sa radyo.
Ano raw ang signal ng bagyo?
Signal number one daw.
Pero baka tumindi pa ang bagyo.
Malamang.

Drills

Itanong mo sa kanya ang pangalan niya.
Ihatid mo sila sa labas.
Itinanong niya sa driver kung magkano ang pamasahe.
Ihinatid niya kami sa parking.
Lagi niyang inilalagay ang gamit niya sa lamesa ko.
Itatanong ko sa kanya kung bakit.
Ihahatid namin si Christine sa airport.
tanong, itanong, itinanong, itinatanong, itatanong
sara, isara, isinara, isinasara, isasara
lagay, ilagay, inilagay, inilalagay, ilalagay

Lesson 34
Huwag mong kali<u>mu</u>tan

Mia tells Julius how to give Tagpi his medicine.

A 01

Huwag mong kali<u>mu</u>tan

Don't by you-[linker] be forgotten

Don't forget

Huwag mong + basic form – *don't (…)*.

The root of **kali<u>mu</u>tan** is <u>li</u>mot *(oblivion)* and the affix is **ka-…-an**.

The POD is the (psychological) direction, which is omitted here: *Don't forget (it)*.

A 02

Ito ang gamot ni Tagpi'.

This the medicine of Tagpi.

This is Tagpi's medicine.

A 03

Para saan?

For what?

What for?

A 04

Meron siyang impeksyon sa likod niya.

Has he/she-[linker] infection on back his/her.

He has an infection on his back.

A 05

Pa<u>a</u>no ko siya b<u>i</u>bigyan ng gamot?

How *by me* *he/she* *will be given to* *[Ng marker]* *medicine?*

How will I give him medicine? (How will he be given medicine by me?)

Bigyan is a direction-POD verb. The root is **bigay** and the affix is **-an**.

In some cases, the final vowel of the root disappears when the root is combined with an affix. **Bigay + -an ⇨ bigyan**.

Note that the object, **ng gamot**, is not explicitly definite in this sentence. If it were, it would be the POD: **Pa<u>a</u>no ko ib<u>i</u>bigay ang gamot sa kanya?** – *How will I give him the medicine?*

Optional reading: **-an** [3] (ETG p. 111/96).

A 06

Ih<u>a</u>lo' mo ang gamot sa pagk<u>a</u>in niya.

Be mixed *by you* *the* *medicine* *into* *food* *his/her.*

Mix the medicine into his food.

Ih<u>a</u>lo' is an **i-** verb. The root is **h<u>a</u>lo'** and the POD is the object (*the medicine* in this case).

A 07

Gaano karami?

How much?

How much?

Gaano karami – *how many, how much.*

A 08

Dalawang cup, at kung ayaw niya, hawakan mo siya.

Two-[linker] cup, and if not liked by him/her, be held by you he/she.

Two cups, and if he doesn't like it, hold him still.

A 09

Hahawakan ko siya sa leeg?

Will be held by me he/she by neck?

Will I hold him by the neck?

A 10

O sa ulo niya.

Or by head his/her.

Or by the head.

A 11

Sige, huwag mong kalimutan ha?

All right, don't by you-[linker] be forgotten OK?

All right, now don't forget it, OK?

Drills

B 01

Bigyan mo siya ng pagkain.

Be given to by you he/she [Ng marker] food.

Give him/her (some) food.

B 02

Puntahan mo si Jun.

Be gone to by you [Ang marker] Jun.

Go to Jun.

Some **-an** verbs have the affix **-han** or **-nan** (instead of **-an**).

B 03

Na<u>aa</u>lala mo ba ang pinuntahan <u>na</u>tin?

Is remembered by you [question] the was gone to by us (incl. you)?

Do you remember the place we went to?

Puntahan ⇨ pinuntahan, pi<u>nu</u>puntahan, <u>pu</u>puntahan.

Ang pinuntahan – *the place that was gone to.*

B 04

Pi<u>nu</u>puntahan niya nang madalas ang resort na iyon. Maganda raw kasi.

Is gone to by him/her often the resort [linker] that (over there). Beautiful he/she said because.

He/she often goes to that resort. Because it's beautiful, he/she says.

B 05

<u>Pu</u>puntahan <u>na</u>tin siya sa Ag<u>o</u>sto.

Will be gone to by us (incl. you) he/she in August.

We'll visit him/her in August. (We'll go to him/her in August.)

Lesson 34

B 06

punta, puntahan, pinuntahan, pinupuntahan, pupuntahan

going, to be gone to, was gone to, is gone to, will be gone to

B 07

bigay, bigyan, binigyan, binibigyan, bibigyan

giving, to be given to, was given to, is given to, will be given to

B 08

lagay, lagyan, nilagyan, nilalagyan, lalagyan

putting, to be put on, was put on, is put on, will be put on

B 09

limot, kalimutan, kinalimutan, kinakalimutan, kakalimutan

oblivion, to be forgotten, was forgotten, is forgotten, will be forgotten

---

For the uncompleted and unstarted forms: In the case of a few prefixes containing a /ka/ or a /pa/, these syllables may be repeated instead of the first syllable of the root. **Kalimutan ⇨ kakalimutan** (instead of **kalilimutan**).

Huwag mong kalimutan

Ito ang gamot ni Tagpi'.
Para saan?
Meron siyang impeksyon sa likod niya.
Paano ko siya bibigyan ng gamot?
Ihalo' mo ang gamot sa pagkain niya.
Gaano karami?
Dalawang cup, at kung ayaw niya, hawakan mo siya.
Hahawakan ko siya sa leeg?
O sa ulo niya.
Sige, huwag mong kalimutan ha?

Drills

Bigyan mo siya ng pagkain.
Puntahan mo si Jun.
Naaalala mo ba ang pinuntahan natin?
Pinupuntahan niya nang madalas ang resort na iyon. Maganda raw kasi.
Pupuntahan natin siya sa Agosto.
punta, puntahan, pinuntahan, pinupuntahan, pupuntahan
bigay, bigyan, binigyan, binibigyan, bibigyan
lagay, lagyan, nilagyan, nilalagyan, lalagyan
limot, kalimutan, kinalimutan, kinakalimutan, kakalimutan

Lesson 35
Ang balik<u>ba</u>yan box

Tito Arnold sent a balikbayan box from the US.

A 01

Ang balik<u>ba</u>yan box

The balikbayan box

The balikbayan box

Balik<u>ba</u>yan – a Filipino returning to the Philippines either temporarily or for good.

Balik<u>ba</u>yan box – A large cardboard box containing presents, brought by a balikbayan or shipped by him to his family in the Philippines.

A 02

Ano itong kahon na ito?

What this-[linker] box [linker] this?

What's this box here?

A 03

**Balikbayan box iyan.
Ipinadala ni Tito Arnold galing sa States.**

*Balikbayan box that (near you).
Was sent by Uncle Arnold from States.*

That's a balikbayan box. It was sent by Tito Arnold from the States.

A 04

Ang bigat!

How heavy!

It's so heavy!

A 05

**Oo nga'.
Inakyat ni Mel iyan para kay Lola.**

Yes indeed.
Was brought up by Mel that (near you) for Grandma.

Yes, it is. Mel brought it upstairs for Lola.

> **Inakyat** or **iniakyat** is the completed form of **iakyat**. /i/ may be deleted from the completed form. Thus: **inakyat**.

A 06

Ano ang meron sa loob?

What the there is in inside?

What's inside?

> **Ang meron** – *the thing that is there; the things that are there.*

A 07

Ewan. Mga damit at de lata siguro.

Not known. [Plural] clothing and canned food maybe.

I don't know. Clothes and canned food, I guess.

Ewan (ko). – *I don't know.*

De lata – *canned food.*

A 08

Hindi' pa ninyo binubuksan?

Not yet by you (plural) is opened?

You didn't open it yet? (You haven't opened it yet?)

Hindi' pa + uncompleted form – *hasn't (…) yet.* **Hindi' pa kumakain si Fred.** – *Fred hasn't eaten yet.*

Bukas (root), **buksan** (basic form with **-an**), **binuksan**, **binubuksan**, **bubuksan**. The object is the POD (omitted here).

A 09

Hindi' pa.
Kasi sa Linggo pa darating si Lola.

Not yet.
Because on Sunday not until will arrive [Ang marker] Grandma.

Not yet. Because Lola won't arrive until Sunday.

Kasi is enclitic, but it can also be placed at the beginning of a sentence or clause.

Future time expression + **pa** – *not until (…)*.

Optional reading: Future time expression + **pa** (ETG p. 354/319).

A 10

Meron kayang mga damit para sa atin?

There are do you think-[linker] [plural] clothing for us (incl. you)?

Do you think there are any clothes for us (in there)?

Kaya' can mean *I wonder, do you think* or *do you suppose*. It is enclitic.

A 11

Baka meron.
Tingnan kaya' natin sa loob.

Maybe there are.
Be looked at should perhaps by us (incl. you) in inside.

Maybe there are. Perhaps we should have a look inside.

Basic form + **kaya'** – *should perhaps (...)*. **Kumain kaya' tayo.** – *Perhaps we should eat.* **Tingnan kaya' natin.** – *Perhaps we should have a look.*

A 12

Oo, buksan mo nga'. [...]

Yes, be opened by you please. [...]

Yes, come on, open it. [...]

A 13

Nye! Puro textbooks lang.

Bummer! Nothing other than textbooks only.

Bummer! Nothing but textbooks.

Nye! – used when something turns out to be not as exciting or extraordinary as expected.

Puro here means *nothing other than*.

Drills

B 01

Bayaran mo si Mr. Fellizar.

Be paid by you [Ang marker] Mr. Fellizar.

Pay Mr. Fellizar.

> **Bayaran** is a direction-POD verb. **Bayad** is the root and **-an** is the affix.

B 02

Sinulatan niya ang libro ko.

Was written on by him/her the book my.

He/she wrote on my book.

> **Sulatan** is a direction-POD verb. **Sulat** is the root and **-an** is the affix.

B 03

Sinakyan nila ang bus papuntang San Pablo.

Was ridden on by them the bus bound for-[linker] San Pablo.

They took the bus going to San Pablo.

Papunta -ng – *going to, bound for.*

Also: **Sumakay sila sa bus.** – *They took the bus.*

B 04

Inaakyatan ng katulong ng pagkain si Lola.

Is brought up to by servant [Ng marker] food [Ang marker] Grandma.

The servant/maid brings food up/upstairs to Lola.

Akyatan – *to take/bring something up/upstairs to someone.* Completed form: **inakyatan**. Uncompleted form: **inaakyatan**.

Notice that the POD **(si Lola)** is the direction of the action.

The order of the Ng phrases matters here. The first Ng phrase is the doer **(ng katulong)**, while the second Ng phrase is the object **(ng pagkain)**.

B 05

Aakyatan ako ni Freddy ng pagkain sa kwarto ko.

Will be brought up to | I | by | Freddy | [Ng marker] | food | to | room | my.

Freddy will bring some food (to me) to my room upstairs.

> Again, the POD **(ako)** is the direction of the action.

B 06

akyat, akyatan, inakyatan, inaakyatan, aakyatan

bringing up, to be brought up to, was brought up to, is brought up to, will be brought up to

B 07

bayad, bayaran, binayaran, binabayaran, babayaran

payment, to be paid, was paid, is paid, will be paid

> **Bayad** + an ⇨ **bayaran**.
>
> Optional reading: Sound changes when combining roots and affixes (ETG p. 31/27).

B 08

bukas, buksan, binuksan, bin̲ubuksan, bubuksan

open, to be opened, was opened, is opened, will be opened

B 09

tingin, tingnan, tiningnan, tin̲itingnan, titingnan

look, to be looked at, was looked at, is looked at, will be looked at

> At this point, you're probably starting to get a feel for the verbs and their different forms. Learning to build your own sentences and choosing the right POD and verb affix takes some time. In many cases, there is more than one correct possibility. Keeping the literal meaning of the verb in mind can help you decide which one to choose.
>
> Before moving on to Lesson 36, it's a good idea to review Lessons 26–30.

Ang balik<u>ba</u>yan box

Ano itong kahon na ito?
Balik<u>ba</u>yan box iyan. Ipinadala ni <u>Ti</u>to Arnold <u>ga</u>ling sa States.
Ang bigat!
<u>Oo</u> nga'. Inakyat ni Mel iyan <u>pa</u>ra kay <u>Lo</u>la.
Ano ang <u>me</u>ron sa loob?
<u>E</u>wan. Mga damit at de <u>la</u>ta sig<u>u</u>ro.
Hindi' pa ninyo bin<u>u</u>buksan?
Hindi' pa. Kasi sa Linggo pa <u>da</u>rating si <u>Lo</u>la.
<u>Me</u>ron kayang mga damit <u>pa</u>ra sa <u>a</u>tin?
Baka <u>me</u>ron. Tingnan kaya' <u>na</u>tin sa loob.
<u>Oo</u>, buksan mo nga'. [...]
Nye! <u>Pu</u>ro textbooks lang.

Drills

Ba<u>ya</u>ran mo si Mr. Fellizar.
Sinu<u>la</u>tan niya ang libro ko.
Sinakyan nila ang bus papuntang San <u>Pa</u>blo.
In<u>a</u>akyatan ng ka<u>tu</u>long ng pag<u>ka</u>in si <u>Lo</u>la.
<u>A</u>akyatan ako ni Freddy ng pag<u>ka</u>in sa <u>kwa</u>rto ko.
akyat, akyatan, inakyatan, in<u>a</u>akyatan, <u>a</u>akyatan
<u>ba</u>yad, ba<u>ya</u>ran, bina<u>ya</u>ran, bin<u>a</u>ba<u>ya</u>ran, b<u>a</u>ba<u>ya</u>ran
bukas, buksan, binuksan, bin<u>u</u>buksan, b<u>u</u>buksan
tingin, tingnan, tiningnan, tin<u>i</u>tingnan, <u>ti</u>tingnan

Lesson 36
Magpagupit ka

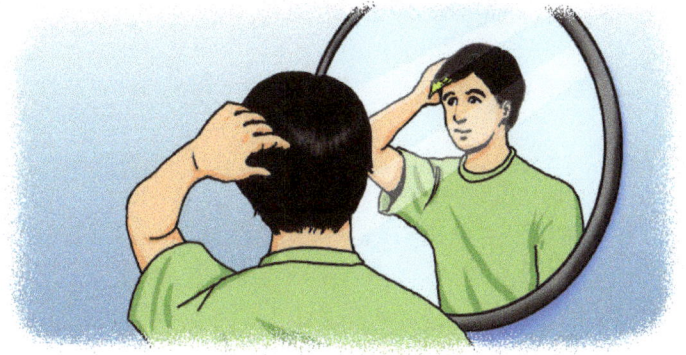

Julius has something on his hair and can't get it off.

A 01

Magpagupit ka

Get a haircut you

Get a haircut

Magpa- – *to let, make or have someone do something,* or *to enable someone to do something.* **Magpagupit** – *to get a haircut (to have someone cut one's hair).*

Optional reading: **Magpa-** (ETG p. 161/143).

A 02

Ano itong puting duming ito sa buhok mo?

What this-[linker] white-[linker] stain-[linker] this on hair your?

What's this white stain on your hair?

Dumi – *dirt, mark, stain.*

A 03

Saan?

Where?

Where?

A 04

Dito o. Sa harap.

Here look. In front.

Here. In front.

O here can be translated as *look* and is often used when pointing at someone or something.

A 05

Ewan ko. Ngayon ko lang napansin.

Not known by me. Now by me only was noticed.

I don't know. It's only now that I noticed it.

Pansin – *attention.* **Mapansin** – *to be noticed* (object-POD **ma-** verb).

A 06

Mukhang pintura iyan.

Looks like paint that (near you).

That looks like paint.

A 07

Teka, titingnan ko sa salamin.

Wait, will be looked at by me in mirror.

Wait, I'll have a look (at it) in the mirror.

A 08

Nakita' mo?

Was seen by you?

Did you see it?

A 09

<u>O</u>o, at hindi' ko matanggal ang pint<u>u</u>ra.

Yes, and not by me can be removed the paint.

Yes, and I can't remove the paint.

A 10

Magpagupit ka na lang!

Get a haircut you just!

Just get a haircut!

Drills

B 01

Magpal<u>u</u>to' ka ng pag<u>k</u>ain.

Have cooked you [Ng marker] food.

Have someone cook you some food.

B 02

<u>S</u>ino ang nagpaalis sa inyo?

Who the permitted/ordered to leave [Sa marker] you (plural)?

Who permitted/ordered you to leave?

> In this case, the person permitted or asked to perform the action is expressed as a Sa phrase. In other cases, this may be a Ng phrase. The rules to determine whether it is a Sa phrase or a Ng phrase, are given in the grammar.
>
> Optional reading: **Magpa-** (notes) (ETG p. 162/144).

B 03

Si Alfred ang nagpap<u>a</u>sok ng mga <u>a</u>so.

[Ang marker] Alfred the let enter [Ng marker] [plural] dog.

It's Alfred who let the dogs in. (Alfred was the one who let the dogs in.)

B 04

Siya ang nagpapaaral sa kapatid niya.

He/she the enables to study [Sa marker] sibling his/her.

He/she's the one who sends his/her sibling to school.

To form the uncompleted form of a **magpa-** verb: take the completed form and repeat the /pa/ in the affix. **Magpaaral ⇨ nagpaaral ⇨ nagpapaaral**.

B 05

Ako ang magpapahiram ng libro sa kanya.

I the will lend [Ng marker] book to him/her.

I'm the one who will lend him/her a/the book.

To form the unstarted form of a **magpa-** verb: take the basic form and repeat the /pa/ in the affix. **Magpahiram ⇨ magpapahiram**.

B 06

alis, magpaalis, nagpaalis, nagpapaalis, magpapaalis

leaving, to order to leave, ordered to leave, orders to leave, will order to leave

Magpaalis – *to let, make or have someone leave; or, to enable someone to leave.*

B 07

gupit, magpagupit, nagpagupit, nagpapagupit, magpapagupit

cut, to get a haircut, got a haircut, gets a haircut, will get a haircut

B 08

pahinga, magpahinga, nagpahinga, nagpapahinga, magpapahinga

rest, to take a rest, took a rest, takes a rest, will take a rest

Magpahinga is a **mag-** verb (**mag-** + **pahinga**).

B 09

Magpahinga ka muna.

Take a rest you first.

Take a break first.

Magpagupit ka

Ano itong puting duming ito sa buhok mo?
Saan?
Dito o. Sa harap.
Ewan ko. Ngayon ko lang napansin.
Mukhang pintura iyan.
Teka, titingnan ko sa salamin.
Nakita' mo?
Oo, at hindi' ko matanggal ang pintura.
Magpagupit ka na lang!

Drills

Magpaluto' ka ng pagkain.
Sino ang nagpaalis sa inyo?
Si Alfred ang nagpapasok ng mga aso.
Siya ang nagpapaaral sa kapatid niya.
Ako ang magpapahiram ng libro sa kanya.
alis, magpaalis, nagpaalis, nagpapaalis, magpapaalis
gupit, magpagupit, nagpagupit, nagpapagupit, magpapagupit
pahinga, magpahinga, nagpahinga, nagpapahinga, magpapahinga
Magpahinga ka muna.

Lesson 37
Ang video na pinadala ko

Mary talks to her friend about a video on pandas.

A 01

Ang video na pinadala ko

The video [linker] was sent by me

The video that I sent

Ipinadala or **pinadala** is the completed form of **ipadala**. /i/ may be deleted from the completed form.

A 02

**Natanggap mo ba
ang YouTube video na pinadala ko?**

*Was received by you [question]
the YouTube video [linker] was sent by me?*

Did you receive the YouTube video I sent you?

A 03

Aling video?

Which-[linker] video?

What video? (Which video?)

Alin – *which.*

Optional reading: **Alin** (ETG p. 396/358).

A 04

Iyong tungkol sa mga panda sa Tsina.

That (over there)-[linker] about [plural] panda in China.

The one about pandas in China.

A 05

Hindi'. Bakit?

No. Why?

No. Why?

A 06

Ang cute kasi nila, as in, ang cute talaga.

Very cute because of them, as in, very cute really.

Because they're so cute. Really so cute.

As in is an intensifier used mainly by young people.

A 07

Pinapakain ng mga caretaker ang mga panda.

Are fed by [plural] caretaker the [plural] panda.

The pandas are fed by the caretakers.

Pinapakain is the uncompleted form of **pakainin**. The completed form is **pinakain**.

Pakainin – *to let, make or have someone or an animal eat; to feed.*

Optional reading: **Pa-...-in** (ETG p. 185/165).

A 08

Tapos, pinapatulog sila sa isang nursery.

Then, are made to sleep they in one-[linker] nursery.

Then, they're made to sleep in a nursery.

Patulugin – *to let, make or have someone or an animal sleep; or to knock out.*

A 09

At paggising nila, pinapapunta sila sa playground.

And when waking up their, are made to go they to playground.

And when they wake up, they're sent to a playground.

Papuntahin – *to let, make or have someone or an animal go (somewhere).*

Here, **pag-** + root means *when (…)*.

A 10

May mga slides at laro' doon.

There are [plural] slides and game over there.

There are slides and games there.

A 11

Nakakatuwa' naman.

Cute [tenderness].

Aw, that's cute.

Nakakatuwa' – *funny, amusing, cute.*

A 12

Pinapaakyat rin nila ang mga panda sa puno' pag medyo malaki na sila.

Are allowed/made to climb also by them the [plural] panda on tree when rather big already they.

They also let/make the pandas climb trees when they're a bit bigger.

Paakyatin – *to let, make or have someone or an animal climb up, go upstairs or go somewhere higher.*

Drills

B 01

Patulugin mo na ang mga bata'.

Be made to sleep by you now the [plural] child.

Put the kids to bed.

B 02

Paraanin mo siya.
Gusto niyang lumusot.

Be allowed to pass by you he/she.
Wanted by him/her-[linker] to pass (overtake).

Make way for him/her (Let him/her pass). He/she wants to pass (overtake).

Paraanin – *to make way for someone, to let someone pass.*

B 03

Pinakain mo na ba ang mga aso?

Were fed by you already [question] the [plural] dog?

Have you fed the dogs?

B 04

Pinataas niya ang pader ng subdivision.

Was made higher by him/her the wall of subdivision.

He/she made the wall of the subdivision higher.

Pataasin – *to make something higher.*

Subdivision or **village** – commonly-used terms for *gated community.*

B 05

Pinapataas ng OPEC ang presyo ng langis.

Is made higher by OPEC the price of oil.

The OPEC is raising the price of oil.

B 06

Papataasin ng presidente ang sweldo ng mga manggagawa'.

Will be made higher by president the wage of [plural] laborer.

The president will increase the wages of laborers.

B 07

**taas, pataasin, pinataas,
pinapataas, papataasin**

*height, to be made higher, was made higher,
is made higher, will be made higher*

B 08

tuloy, patuluyin, pinatuloy, pinapatuloy, papatuluyin

continuing/going on, to be let in, was let in, is let in, will be let in

Patuluyin – *to let someone in.*

Ang video na pinadala ko

Natanggap mo ba ang YouTube video na pinadala ko?
Aling video?
Iyong tungkol sa mga panda sa Tsina.
Hindi'. Bakit?
Ang cute kasi nila, as in, ang cute talaga.
Pinapakain ng mga caretaker ang mga panda.
Tapos, pinapatulog sila sa isang nursery.
At paggising nila, pinapapunta sila sa playground.
May mga slides at laro' doon.
Nakakatuwa' naman.
Pinapaakyat rin nila ang mga panda sa puno' pag medyo malaki na sila.

Drills

Patulugin mo na ang mga bata'.
Paraanin mo siya. Gusto niyang lumusot.
Pinakain mo na ba ang mga aso?
Pinataas niya ang pader ng subdivision.
Pinapataas ng OPEC ang presyo ng langis.
Papataasin ng presidente ang sweldo ng mga manggagawa'.
taas, pataasin, pinataas, pinapataas, papataasin
tuloy, patuluyin, pinatuloy, pinapatuloy, papatuluyin

Lesson 38
Patingnan mo sa tu<u>be</u>ro

Mr. Umali tells his maid Marie to let the plumber in while he's away.

A 01

Patingnan mo sa tu<u>be</u>ro

Be asked to be looked at by you by plumber

Have the plumber look at it

Patingnan – *to let, make or have someone look at (something).*

The person permitted or asked to perform the action is expressed as a Sa phrase. The POD is the object of the action to be performed. When the POD is obvious from the context, it can be left out.

Optional reading: **Pa-...-an** [2] (ETG p. 183/164).

A 02

Marie!

Marie!

Marie!

A 03

Po'?

[Polite]?

Yes?

Po' or **ho'** may be used as a response when an older person, a superior or an adult stranger calls you.

A 04

Darating dito mamaya' ang tubero.

Will arrive here later today the plumber.

The plumber is coming over later today.

A 05

**Patingnan mo sa kanya
ang mga tubo sa kusina.**

*Be asked to be looked at | by you | by him/her
the [plural] pipe in kitchen.*

Ask him to have a look at the pipes in the kitchen.

A 06

Opo', sir.

Yes (polite), sir.

Yes, sir.

A 07

**Tapos, kung kinakailangan,
papalitan mo ang mga tubo.**

*Then, if necessary,
be asked to be replaced by you the [plural] pipe.*

Then, if needed, ask him to replace the pipes.

Papalitan – *to let, make or have someone replace (something).*

Optional reading: **Pa-...-an** [1] (ETG p. 182/162).

A 08

O̱po', sir.

Yes (polite), sir.

Yes, sir.

A 09

Patingnan mo na rin ang shower sa taas.

Be asked to be looked at by you as well the shower in place above.

Ask him to have a look at the shower upstairs as well.

Here, **na rin** means *as well*.

A 10

Tumu̱tulo' kasi. Kaya' pasarhan mo sa kanya.

Is leaking because. So be asked to be closed by you by him/her.

It's leaking. So ask him to seal it.

Here, **kaya'** means *so (therefore)*.

Pasarhan – *to let, make or have someone close (something).*

A 11

Opo', sir.

Yes (polite), sir.

Yes, sir.

A 12

O sige, papasok na ako sa opisina.

All right, will go to work now I in office.

All right, I'm heading off to work now.

A 13

Sandali', nagri-ring ang cell phone ko.

Moment, is ringing the cell phone my.

Wait, my cell phone is ringing.

Mag-ring – *to ring.*

A 14

**Hello? Ano? Talaga?
Pumutok ang tubo sa banyo ng opisina ko?!**

*Hello? What? Really?
Burst the pipe in bathroom of office my?*

Hello? What? Really? The pipe in my office's bathroom burst?

Drills

B 01

Pabuksan mo ang pinto'.

Be asked to be opened by you the door.

Have someone open the door.

Pabuksan – *to let, make or have someone open (something).*

B 02

Pabuksan mo kay Boy ang pinto'.

Be asked to be opened by you by Boy the door.

Ask Boy to open the door.

Boy is a common nickname in the Philippines.

B 03

Paup̲ahan mo sa kakil̲ala mo ang b̲ahay.

Be asked to be rented by you by acquaintance your the house.

Rent out the house to someone you know. (Have someone you know rent the house.)

Paup̲ahan – *to rent out (lit. to let or have someone rent a property).*

Kakil̲ala – *acquaintance; someone you know.*

B 04

Patingnan mo sa doktor ang s̲ugat sa b̲raso mo.

Be asked to be looked at by you by doctor the wound on arm your.

Ask a/the doctor to have a look at the wound on your arm.

B 05

Pinapalitan ng driver ang gulong ng jeep.

Was asked to be replaced by driver the wheel of jeepney.

The driver had the wheel of the jeepney replaced.

Pinapalitan is the completed form of **papalitan**.

B 06

Pinabuksan niya ang makina sa mekaniko.

Was asked to be opened by him/her the engine by mechanic.

He/she asked a/the mechanic to open the engine.

Pinabuksan is the completed form of **pabuksan**.

B 07

Minsan, pinapabuksan ng Customs ang mga maleta.

Sometimes, are asked to be opened by Customs the [plural] suitcase.

Sometimes, Customs requires luggage to be opened. (Sometimes, Customs has suitcases opened.)

Minsan – *sometimes, once (one time).*

B 08

Luma' na ito.
Papapalitan ko ito ng bago kay Josh.

Old now this.
Will be asked to be replaced by me this [Ng marker] new by Josh.

This is old now. I'll ask Josh to replace it with a new one.

Luma' – *not new.* **Lumang kotse** – *old car;* **lumang damit** – *old clothes;* **lumang bahay** – *old house.*

Matanda' – *not young.* **Matandang puno'** – *old tree;* **matandang dalaga** – *spinster* (lit. *old unmarried woman*).

Palitan ng bago – *to replace with something new.*

Patingnan mo sa tub_e_ro

Marie!
Po'?
_D_arating _d_ito _m_amaya' ang tub_e_ro.
Patingnan mo sa kanya ang mga _t_ubo sa ku_s_ina.
_O_po', sir.
_T_apos, kung kinakailangan, papalitan mo ang mga _t_ubo.
_O_po', sir.
Patingnan mo na rin ang shower sa taas.
Tu_mutu_lo' kasi. Kaya' pasarhan mo sa kanya.
_O_po', sir.
O sige, _papa_sok na ako sa opi_s_ina.
Sandali', nagri-ring ang cell phone ko.
Hello? Ano? Talaga? Pumutok ang _t_ubo sa _ba_nyo ng opi_s_ina ko?!

Drills

Pabuksan mo ang pinto'.
Pabuksan mo kay Boy ang pinto'.
Pau_p_ahan mo sa kaki_la_la mo ang _ba_hay.
Patingnan mo sa doktor ang _s_ugat sa _bra_so mo.
Pinapalitan ng driver ang gulong ng jeep.
Pinabuksan niya ang ma_k_ina sa me_ka_niko.
_Min_san, pi_na_pabuksan ng Customs ang mga ma_le_ta.
_Lu_ma' na ito. Pa_pa_palitan ko ito ng _ba_go kay Josh.

Lesson 39
Pahiram ng cell phone mo

Julius asks his sister Mia if he can borrow her cell phone.

A 01

Pahiram ng cell phone mo

Could you let me borrow [Ng marker] cell phone your

Can I borrow your cell phone?

Pa- + root – *Could you (…); Could you let me (…)*. The object is expressed as a Ng phrase.

A 02

Pahiram ng cell phone mo, Ate.

Could you let me borrow [Ng marker] cell phone your, Older Sister.

Can I borrow your cell phone?

A 03

Bakit? Konti' na lang ang load ko e.

Why? Little now only the credit my you see.

Why? I don't have much credit left.

Konti' or **kaunti'** – *a little.*

Load – *top-up credit.*

A 04

Pa-send lang ng isang text. Please.

Could you let me send just [Ng marker] one-[linker] text message. Please.

Can I just send one text message? Please.

A 05

O sige.

All right then.

All right then.

A 06

Ang hirap naman gamitin ng cell phone mo.

How difficult [dissatisfaction] to be used of cell phone your.

Your cell phone is so hard to use.

Mahirap + basic form – *It's hard to (…).*
Ang hirap + basic form – *It's so hard to (…).*

Mahirap gamitin (object-POD verb) **ang cell phone.**
– *It's hard to use the cell phone* (definite).
Mahirap gumamit (doer-POD verb) **ng cell phone.**
– *It's hard to use a cell phone* (indefinite).

With the intensifier **ang** + root, there is no POD, but the verbs are chosen according to definiteness:
Ang hirap gamitin (object-POD verb) **ng cell phone.**
– *It's so hard to use the cell phone* (definite).
Ang hirap gumamit (doer-POD verb) **ng cell phone.**
– *It's so hard to use a cell phone* (indefinite).

Optional reading: Basic forms used as nouns (intro) and Adjective + basic form (ETG p. 230/207).

A 07

Ang <u>da</u>mi kasing features.

So many because-[linker] features.

It has so many features.

Ma<u>ra</u>ming features. – *There are many features.*

Ang <u>da</u>ming features. – *There are so many features.*

A 08

<u>Sa</u>nayan lang iyan. [...]

Matter of getting used to it just that (near you). [...]

It's just a matter of getting used to it. [...]

A 09

<u>Si</u>no pala ang tine-text mo?

Who by the way the is being texted by you?

Who are you texting, by the way?

I-text, tinext, tine-text, ite-text.

A 10

Ang kaibigan ko. Ipinahiram ko kasi sa kanya ang cell phone ko.

The friend my. Was lent by me because to him/her the cell phone my.

My friend. Because I lent him my cell phone.

Ipinahiram is the completed form of **ipahiram**.

Ipahiram – *to lend*; lit. *to let someone borrow (something)*.

Optional reading: **Ipa-** (ETG p. 125/110).

A 11

Hanggang ngayon hindi' pa ibinabalik.

Until now not yet is returned.

He hasn't given it back yet.

Ibinabalik is the uncompleted form of **ibalik** – *to give back* or *to return*.

Drills

B 01

Pabili nga' po' ng asin.

Could you let me buy please [polite] [Ng marker] salt.

I'd like to buy some salt, please.

B 02

Patingin nga'.

Could you let me look please.

Let me have a look.

B 03

Ginamit ko ang kamera na ipinahiram niya sa akin.

Was used by me the camera [linker] was lent by him/her to me.

I used the camera (that) he/she lent me.

B 04

Mi̱nsan, ipina̱pahiram niya ang ko̱tse niya sa a̱kin.

Sometimes, is lent by him/her the car his/her to me.

Sometimes, he/she lends me his/her car.

B 05

Ipa̱pahiram ko sa kanya ang bisikle̱ta.

Will be lent by me to him/her the bicycle.

I'll lend him/her the bicycle.

B 06

Ipalu̱to' mo ang itlog sa kanya.

Be asked to be cooked by you the egg by him/her.

Ask him/her to cook the egg.

Ipalu̱to' – *to make or have someone cook (something).*

Ipalu̱to' is an object-POD verb.

The person permitted or asked to perform the action is expressed as a Sa phrase.

B 07

Ipagluto' mo siya ng pansit.

Be cooked for by you he/she [Ng marker] pansit.

Cook some pansit for him/her.

Ipagluto' – *to cook for (someone).*

Ipagluto' is a beneficiary-POD verb.

Pansit is a noodle dish.

Optional reading: **Ipag-** [1] (ETG p. 126/111).

B 08

**hiram, ipahiram, ipinahiram,
ipinapahiram, ipapahiram**

*borrowing, to be lent, was lent,
is lent, will be lent*

B 09

**luto', ipaluto', ipinaluto',
ipinapaluto', ipapaluto'**

*cooking, to be asked to be cooked, was asked to be cooked,
is asked to be cooked, will be asked to be cooked*

B 10

luto', ipagluto', ipinagluto', ipinagluluto', ipagluluto'

cooking, to be cooked for, was cooked for, is cooked for, will be cooked for

Also: **ipinapagluto'** (uncompleted), **ipapagluto'** (unstarted).

B 11

padala, ipadala, ipinadala, ipinapadala, ipapadala

something sent, to be sent, was sent, is sent, will be sent

Dala – *something brought or carried.*

Padala – *something sent.*

Ipadala – *to let, make or have someone bring or carry (something); or to send or ship.*

B 12

Ipadala mo ang sulat sa lola mo.

Be sent by you the letter to grandmother your.

Send the letter to your grandmother.

Pahiram ng cell phone mo

Pahiram ng cell phone mo, Ate.
Bakit? Konti' na lang ang load ko e.
Pa-send lang ng isang text. Please.
O sige.
Ang hirap naman gamitin ng cell phone mo.
Ang dami kasing features.
Sanayan lang iyan. […]
Sino pala ang tine-text mo?
Ang kaibigan ko. Ipinahiram ko kasi sa kanya ang cell phone ko.
Hanggang ngayon hindi' pa ibinabalik.

Drills

Pabili nga' po' ng asin.
Patingin nga'.
Ginamit ko ang kamera na ipinahiram niya sa akin.
Minsan, ipinapahiram niya ang kotse niya sa akin.
Ipapahiram ko sa kanya ang bisikleta.
Ipaluto' mo ang itlog sa kanya.
Ipagluto' mo siya ng pansit.
hiram, ipahiram, ipinahiram, ipinapahiram, ipapahiram
luto', ipaluto', ipinaluto', ipinapaluto', ipapaluto'
luto', ipagluto', ipinagluto', ipinagluluto', ipagluluto'
padala, ipadala, ipinadala, ipinapadala, ipapadala
Ipadala mo ang sulat sa lola mo.

Lesson 40
Gusto ko sanang makipag-usap sa kanya

Christine is traveling to Davao and she'd like to ask her friend Tina to take care of her dog. She happens to meet Tina's boyfriend on the street.

A 01

Gusto ko sanang makipag-usap sa kanya

Wanted by me would-[linker] to talk with [Sa marker] him/her

I'd like to talk to her

Makipag-usap – *to speak with*. The person with whom the action is performed (the person spoken with) is expressed as a Sa phrase.

Optional reading: **Makipag-** (ETG p. 172/153).

A 02

Nakita' mo ba si Tina?

Was seen by you [question] [Ang marker] Tina?

Have you seen Tina?

A 03

Hindi'. Bakit?

No. Why?

No. Why?

A 04

Gusto ko sanang makipag-usap sa kanya.

Wanted by me would-[linker] to talk with [Sa marker] him/her.

I'd like to talk to her.

A 05

Tungkol saan?

About what?

About what?

A 06

**Pupunta kasi ako sa Davao bukas.
At sa susunod na linggo pa ang balik ko.**

Will go | because | I | to | Davao | tomorrow.
And | in | following | [linker] | week | not until | the | return | my.

I'm going to Davao tomorrow. And I won't be back until next week.

Sa susunod na linggo – *next week.* **Sa susunod na buwan** – *next month.*

A 07

Kaya' may ipapakiusap sana ako sa kanya.

So | have | will be asked as a favor | would like | I | [Sa marker] | him/her.

So I'd like to ask her a favor.

Ipakiusap – *to request, to ask as a favor.*

Ipakiusap sa – *to ask (someone) as a favor.*

May ipapakiusap ako. – Lit. *I have something that will be asked as a favor.*

May ipapakiusap sana – *would like to ask a favor.*

A 08

Ano iyon?

What it?

What is it (about)?

A 09

Kung pwede sana, alagaan niya ang aso ko habang wala' ako.

If possible would, be cared for by him/her the dog my while am not there I.

If she wouldn't mind, I'd like her to take care of my dog while I'm away.

Kung pwede sana – *if it would be possible.*

Alagaan – *to look after.*

Wala' here means *away (not here/there).*

A 10

O sige, sasabihin ko kay Tina.

All right, will be said by me to Tina.

All right, I'll tell Tina about it.

Sabihin – *to say, to tell.* **Sabihin** is an object-POD verb.

A 11

Makikipagkita' ako sa kanya mamaya'.

Will meet with I [Sa marker] him/her later today.

I'm seeing her later today.

Makipagkita' – *to meet.*

For the uncompleted and unstarted forms of a **makipag-** verb: /ki/ is repeated instead of the first syllable of the root.

A 12

Sigu<u>ra</u>dong pa<u>pa</u>yag naman siya.

Surely-[linker] will agree [reassurance] he/she.

I'm sure she won't mind. (She'll surely agree.)

Sigu<u>ra</u>do – *sure, surely.*

Pu<u>ma</u>yag – *to agree, to allow.*

Drills

B 01

Mag-uusap ba kayo?

Will talk to each other [question] you (plural)?

Are you going to have a talk?

Mag-usap – *to talk to each other.* Certain **mag-** verbs express reciprocal or joint action.

Optional reading: **Mag-** 4 (ETG p. 148/131).

B 02

Makikipag-usap ka ba sa kanya?

Will talk with you [question] [Sa marker] him/her?

Are you going to have a talk with him/her?

B 03

Ayaw niyang makipagkita' sa ex niya.

Not wanted by him/her-[linker] to meet with [Sa marker] ex his/her.

He/she doesn't want to meet up with his/her ex.

B 04

Makipag-usap ka sa teacher mo.

Speak with you [Sa marker] teacher your.

Speak with your teacher.

B 05

Huwag kang makipag-away sa kanya ha?

Don't you-[linker] quarrel with [Sa marker] him/her OK?

Don't quarrel with him/her, OK?

Makipag-away – *to quarrel or fight with.*

B 06

Nakipag-away siya sa kapatid niya.

Quarreled with he/she [Sa marker] sibling his/her.

He/she had a fight with his/her sibling.

B 07

Nakikipaglaro' si Mark sa mga kaibigan niya.

Is playing with [Ang marker] Mark [Sa marker] [plural] friend his/her.

Mark is playing with his friends.

Makipaglaro' – to play with (someone).

B 08

Makikipag-usap siya sa kaibigan niya tungkol sa problema niya.

Will talk with he/she [Sa marker] friend his/her about problem his/her.

He/she will talk about his/her problem with his/her friend.

B 09

laro', makipaglaro', nakipaglaro', nakikipaglaro', makikipaglaro'

game, to play with, played with, plays with, will play with

B 10

away, makipag-away, nakipag-away, nakikipag-away, makikipag-away

quarrel, *to quarrel with,* *quarreled with,* *quarrels with,* *will quarrel with*

Congratulations for reaching the end of this book! You will probably find the next 20 lessons easier, as the focus moves to various smaller topics and as previous material is consolidated. The remaining verb affixes follow similar patterns to those already covered. You might want to refer to the grammar whenever you have specific questions.

Before moving on to Lesson 41, it's a good idea to review Lessons 31–35.

Gusto ko sanang makipag-usap sa kanya

Nakita' mo ba si Tina?
Hindi'. Bakit?
Gusto ko sanang makipag-usap sa kanya.
Tungkol saan?
Pupunta kasi ako sa Davao bukas. At sa susunod na linggo pa ang balik ko.
Kaya' may ipapakiusap sana ako sa kanya.
Ano iyon?
Kung pwede sana, alagaan niya ang aso ko habang wala' ako.
O sige, sasabihin ko kay Tina.
Makikipagkita' ako sa kanya mamaya'.
Siguradong papayag naman siya.

Drills

Mag-uusap ba kayo?
Makikipag-usap ka ba sa kanya?
Ayaw niyang makipagkita' sa ex niya.
Makipag-usap ka sa teacher mo.
Huwag kang makipag-away sa kanya ha?
Nakipag-away siya sa kapatid niya.
Nakikipaglaro' si Mark sa mga kaibigan niya.
Makikipag-usap siya sa kaibigan niya tungkol sa problema niya.
laro', makipaglaro', nakipaglaro', nakikipaglaro', makikipaglaro'
away, makipag-away, nakipag-away, nakikipag-away, makikipag-away

Quick reference

Summary of markers and pronouns

		Ang	Ng	Sa
singular	for personal names	si	ni	kay
	for all others	ang (yung)	ng (nung)	sa
plural	for personal names	sina	nina	kina
	for all others	ang mga (yung mga)	ng mga (nung mga)	sa mga

	Ang	Ng	Sa
I, my etc.	ako	ko	(sa) <u>a</u>kin
you, your etc. (singular)	ikaw, ka	mo	(sa) iyo
he/she, his/her etc.	siya	niya	(sa) kanya
we, our etc. (excluding you)	kami	<u>na</u>min	(sa) <u>a</u>min
we, our etc. (including you)	<u>ta</u>yo	<u>na</u>tin	(sa) <u>a</u>tin
you, your etc. (plural)	kayo	ninyo / niyo	(sa) inyo
they, their etc.	sila	nila	(sa) kanila

	Ang	Ng	Sa
this etc. (near me)	ito	nito	<u>di</u>to / <u>ri</u>to
that etc. (near you)	iyan	niyan	diyan / riyan
that/it etc. (far from you and me)	iyon	niyon / noon	doon / roon

these etc. (near me)	ang mga ito itong mga ito	ng mga ito nitong mga ito	sa mga ito
those etc. (near you)	ang mga iyan iyang mga iyan	ng mga iyan niyang mga iyan	sa mga iyan
those/they etc. (far from you and me)	ang mga iyon iyong mga iyon	ng mga iyon niyong / noong mga iyon	sa mga iyon

In this book, Ang phrase, Ng phrase and Sa phrase are used to refer to the three marker and pronoun groups.

phrase	refers to—	examples
Ang phrase	• phrases introduced by an Ang marker, • Ang pronouns	ang ba<u>ba</u>e si Bill siya ito
Ng phrase	• phrases introduced by a Ng marker, • Ng pronouns	ng ba<u>ba</u>e ni Bill niya nito
Sa phrase	• phrases introduced by a Sa marker, • Sa pronouns	sa ba<u>ba</u>e kay Bill kanya <u>di</u>to

Order of enclitic words

When there are two or more enclitic words in a sentence, they generally appear in the following order:

1	2			3	4
ka	na/pa	naman	pala	niya	ako
ko	man	daw/raw	kaya'	namin	siya
mo	nga'	po'/ho'	m<u>u</u>na	n<u>a</u>tin	kami
	din/rin	ba	tuloy	ninyo	<u>t</u>ayo
	lang		kasi	nila	kayo
			<u>y</u>ata'		sila
			<u>sa</u>na	kita	

Note: Enclitic particles (column 2) are generally used in the order given above, i.e. **na** comes before **man**, **lang** before **naman** etc.

List of Tagalog verb affixes

verb affix	POD	meaning	ETG
-an 1	object	to do something to a person or a thing (expresses various kinds of actions)	p. 109/94
-an 2	object	to cause something to become; *to make*	p. 110/95
-an 3	direction	to do something in the (physical or psychological) direction of	p. 111/96
-an 4	beneficiary	to do something for	p. 112/98
-an +rep2 1	object	to do something occasionally, at random, a little, a bit, now and then or here and there	p. 113/99
-an +rep2 2	direction	to do something in the (physical or psychological) direction of, occasionally, at random, a little, a bit, now and then or here and there	p. 114/100
i- 1	object	to do something to a person or a thing (expresses various kinds of actions)	p. 115/101
i- 2	beneficiary	to do something for	p. 117/102
i- +rep2	object	to do something occasionally, at random, a little, a bit, now and then or here and there	p. 118/103

verb affix	POD	meaning	ETG
ika-	cause	to cause, to be the cause of	p. 119/104
-in 1	object	to do something to a person or a thing (expresses various kinds of actions)	p. 120/105
-in 2	direction	to do something in the (physical or psychological) direction of	p. 121/106
-in 3	doer	to be affected or overtaken by a condition, feeling or phenomenon	p. 122/107
-in +rep2	object	to do something occasionally, at random, a little, a bit, now and then or here and there	p. 124/109
ipa-	object	to let, make or have someone do something	p. 125/110
ipag- 1	beneficiary	to do something for	p. 126/111
ipag- 2	object	to do something to a thing	p. 127/112
ipag- +rep1	object	to do something repeatedly, continually, a lot, intensively or frequently; or, to do something involving multiple objects	p. 128/113
ipang- 1	instrument	to do something using	p. 129/114
ipang- 2	object	to do something to a person or a thing	p. 130/115
ka-...-an 1	location	to do something in/on/at; or, to occur in/on/at	p. 131/116

verb affix	POD	meaning	ETG
ka-...-an 2	direction	to feel or experience something	p. 132/117
ma- 1	doer	to do something (expresses various kinds of actions)	p. 133/118
ma- 2	doer	to do something unintentionally; or, to get into a certain state unintentionally	p. 134/119
ma- 3	doer	to feel an emotion	p. 135/120
ma- 4	object	to be able to do something to a person or a thing	p. 136/121
ma- 5	object	to do something involuntarily or accidentally	p. 138/122
ma- 6	object	to perceive something	p. 139/123
ma- +rep2	doer	to feel something slightly, a little or a bit	p. 140/124
ma-...-an 1	doer	to experience a quality or a condition	p. 141/125
ma-...-an 2	doer	to feel a particular way about something	p. 143/126
ma-...-an 3	object	to experience something	p. 144/128
mag- 1	doer	to do something (expresses various kinds of actions)	p. 145/128
mag- 2	doer	to take up an occupation	p. 146/129
mag- 3	doer	to use or wear something	p. 147/130

verb affix	POD	meaning	ETG
mag- 4	doer	to perform a reciprocal action	p. 148/131
mag- 5	none	to be	p. 149/132
mag- +rep1	doer	to do something repeatedly, continually, a lot, intensively or frequently	p. 150/133
mag- +rep2 1	doer	to perform a reciprocal action involving three or more doers	p. 151/134
mag- +rep2 2	doer	to do something occasionally, at random, a little, a bit, now and then or here and there	p. 152/135
mag-...-an	doer	to do something together, simultaneously or reciprocally	p. 153/136
magka- 1	doer/none	to occur involuntarily or unexpectedly	p. 155/137
magka- 2	doer	to come to have or possess	p. 156/138
magka- 3	doer	to manage to do something reciprocally	p. 157/139
magka- +rep2	doer	to attain a certain state thoroughly	p. 158/140
magkanda-	doer	to occur accidentally or involuntarily as a result of something and involving three or more doers	p. 159/141

verb affix	POD	meaning	ETG
magma-	doer	to pretend to be someone you are not; or, to assume a certain quality	p. 160/142
magpa-	doer	to let, make or have someone do something; or, to enable someone to do something	p. 161/143
magpaka-	doer	to strive to be or do something	p. 164/146
magsi-, magsipag-	doer	to perform a collective action or an action involving three or more doers	p. 165/147
maka- 1, makapag-, makapang-	doer	to be able to do something	p. 166/148
maka- 2	doer	to do something unintentionally or accidentally	p. 167/149
maka- 3	doer	to feel or experience something	p. 169/150
maki- 1	doer	to join in an act	p. 170/151
maki- 2	doer	to do something involving someone else's possessions or personal space with their permission	p. 171/152
makipag-	doer	to do something with someone	p. 172/153

verb affix	POD	meaning	ETG
makipag-...-an	doer	to do something with someone	p. 173/154
mang- 1	doer	to do something (expresses various kinds of actions)	p. 174/155
mang- 2	doer	to perform an action directed toward multiple objects; or, to do something repeatedly, habitually or professionally	p. 175/156
mang- 3	doer	to do something harmful or destructive deliberately	p. 176/157
mang- 4	doer	to do a recreational activity	p. 177/158
mang- 5	doer	to become something partially or temporarily	p. 178/159
mapa- 1	doer	to do something involuntarily	p. 179/160
mapa- 2	doer	to be able to let, make or have someone do something; or, to be able to cause something to become something	p. 180/161
pa-...-an 1	object	to let, make or have someone do something	p. 181/162
pa-...-an 2	direction	to let, make or have someone do something in the (physical or psychological) direction of	p. 183/164

verb affix	POD	meaning	ETG
pa-...-in	object	to let, make or have someone do something; or, to cause something to get bigger, faster etc.	p. 185/165
pag-...-an 1, pang-...-an	direction	to do something in the (physical or psychological) direction of	p. 186/166
pag-...-an 2	location	to do something in/on/at	p. 187/167
pag-...-an 3	reference	to do something concerning	p. 188/168
pag- +rep1-...-an 1	object	to do something repeatedly, continually, a lot, intensively or frequently; or, to do something to multiple objects	p. 189/169
pag- +rep1-...-an 2	direction	to do something in the (physical or psychological) direction of, repeatedly, continually, a lot, intensively or frequently; or, to do something directed toward multiple objects	p. 190/170
pag- +rep1 +rep1-...-an 1	object	to do something to multiple objects repeatedly, continually, a lot, intensively or frequently	p. 192/171

verb affix	POD	meaning	ETG
pag- +rep1 +rep1-...-an 2	direction	to do something directed toward multiple objects repeatedly, continually, a lot, intensively or frequently	p. 193/173
pag-...-in 1	object (person asked)	to make someone do something	p. 195/174
pag-...-in 2	object	to put two things together or closer to each other	p. 196/175
pag- +rep1-...-in	object	to do something repeatedly, continually, a lot, intensively or frequently; or, to do something involving multiple objects	p. 197/176
pag- +rep1 +rep1-...-in	object	to do something to multiple objects repeatedly, continually, a lot, intensively or frequently	p. 198/177
pag- +rep2-...-in	object	to put three or more things together or closer to one another	p. 199/178
papang-...-in	object (person asked)	to let, make or have someone do something	p. 201/180
(-)um- 1	doer	to do something (expresses various kinds of actions)	p. 202/181

verb affix	POD	meaning	ETG
(-)um- 2	none	expresses natural phenomena	p. 203/182
(-)um- 3	doer	to become or get	p. 204/183
(-)um- +rep2	doer	to do something occasionally, at random, a little, a bit, now and then or here and there	p. 205/184

www.ingramcontent.com/pod-product-compliance
Lightning Source LLC
Chambersburg PA
CBHW050847240426
43667CB00022B/2947